IAN COOKE

Obst und Gemüse

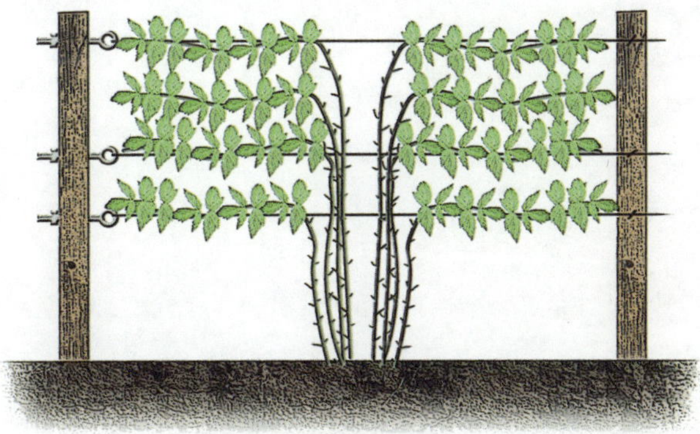

IAN COOKE

Obst und Gemüse

aus eigenem Anbau

Aus dem Englischen von
Dr. Hannelore Eisenhofer

NIKOL VERLAG

Die Originalausgabe erschien 2011 unter dem Titel
Self Sufficiency – Grow Your Own

Titelabbildungen: Fotolia.com, Thinkstock
Umschlaggestaltung: Timon Schlichenmaier, Hamburg
Illustrationen: Michael Stones

Druck: Toppan Leefung Printing Ltd.
Printed in China

Hinweis:
Autor und Verlag haben sich größte Mühe gegeben, um zu gewährleisten, dass alle Informationen in diesem Buch sicher und exakt sind, aber sie können keinerlei Haftung für daraus resultierenden Verlust oder Schaden an Eigentum oder Personen übernehmen, ob direkt oder als Folge oder wie auch immer sich ergebend.

ISBN: 978-3-86820-200-7

www.nikol-verlag.de

INHALT

EINFÜHRUNG

Ganz gleich, ob Sie sich dazu entschieden haben, Ihr eigenes Obst und Gemüse anzubauen oder noch darüber nachdenken, ob sich der Eigenanbau lohnt, wird dieses Buch Ihnen auf jeden Fall hilfreiche Ratschläge und Anweisungen sowie das Grundwissen vermitteln, damit Sie erfolgreich das geläufigste Obst und Gemüse anbauen können.

Um sich wirklich selbst mit Obst und Gemüse versorgen zu können, müssten Sie in der Lage sein ausreichend für 365 Tage Verzehr im Jahr zu produzieren. Für die meisten Leute erscheint dies nicht machbar zu sein. Manch einer möchte jedoch hinsichtlich einiger Aspekte der Lebensmittelproduktion autark sein, z. B. bei grundlegenden Gemüsesorten für das Jahr, Salaten für den Sommer oder einfach nur Beerenobst.

Obst und Gemüse anzubauen ist nicht schwierig, vorausgesetzt, Sie beachten ein paar grundlegende Techniken und führen die verschiedenen Aufgaben zur richtigen Zeit aus. Das erfordert jedoch Engagement, vor allem in den Sommermonaten, wenn Unkraut rasch wächst und Ihr Gemüse und Ihre Feldfrüchte fast täglich geerntet werden müssen. Das kann zeitaufwendig sein und darf nicht einfach unterbrochen werden, weil Ihre Feldfrüchte sonst verderben könnten. Daher ist es besser zunächst klein anzufangen und ein kleines Beet zu bearbeiten, um zu sehen, welchen Erfolg Sie haben können, bevor Sie eine größere Fläche bepflanzen.

Der Anbau von eigenem Obst und Gemüse bringt viele Vorteile mit sich. Ganz gleich was Sie zunächst anbauen, es kann geerntet, zubereitet, gekocht und gegebenenfalls innerhalb einer Stunde auf Ihrem Tisch sein. Wenn Sie Ihre eigenen Produkte anbauen, können Sie zum idealen Zeitpunkt ernten, so dass Sie junge, zarte breite Bohnen, fingerlange Zucchini und Buschbohnen so dünn wie ein Bleistift haben. Natürlich geht der Geschmack Hand in Hand mit Frische. Eine solche Frische und einen solchen Geschmack kann ein Produkt aus dem Laden nicht bieten. Abgesehen von den gesundheitlichen Vorteilen, die eine erhöhte Menge an Obst und Gemüse in Ihrem Speiseplan mit sich bringt, ist die regelmäßige Bearbeitung Ihres Beetes eine gute körperliche Betätigung.

Wenn Sie selbst anbauen, können Sie auch die Vielfalt bestimmen, die Sie verzehren wollen. Wenn Sie gute Feldfrüchte wollen, empfehle ich Ihnen, vor allem auf den Geschmack zu achten. Sie können zudem aus einer Vielzahl von Gemüsesorten wählen, die nicht überall im Handel erhältlich sind. Beispielsweise sind Zuckerrüben eine leicht anzupflanzende Variante der Roten Beete, die ein wohlschmeckendes Gemüse ergibt, aber kaum in Geschäften angeboten wird. Buschbohnen sind als gelbe oder merkwürdig purpurne Art erhältlich. Zudem wächst das Interesse an althergebrachten Sorten, beispielsweise Tomaten oder Kartoffeln, die sowohl eine interessante Form als auch einen einzigartigen Geschmack aufweisen.

Produkte aus dem eigenen Garten sind zudem nicht mit irgendwelchen Pestiziden oder Zusätzen belastet, wenn Sie beschlossen haben diese nicht einzusetzen. Auch wenn zurzeit viele Feldfrüchte organisch angebaut werden, sind immer noch viele mit Pestiziden vor oder nach der Ernte behandelt worden, um dem Verderb während der Verkaufszeit vorzubeugen. Wenn Sie keine Pestizide verwenden wollen, müssen Sie nur die verschiedenen Alternativen zur Bekämpfung von Schädlingen und Krankheiten befolgen (siehe S. 36-49). Vor allem können Sie Sorten wählen, die von Haus aus resistent sind.

Ist das finanziell realisierbar? Am Anfang fallen Ausgaben für Werkzeuge und die Grundausrüstung an, dazu kommen die jährlichen Kosten für Samen, Mist und Dünger. Eine gute Investition resultiert immer in guten Erträgen, weshalb Sie Qualitätssamen kaufen sollten und darauf zu achten haben, dass der Boden gut gedüngt ist, bevor Sie mit dem Anbau beginnen. In den meisten Fällen werden Sie Feldfrüchte ernten, die weit über dem Wert der anfänglichen Kosten für Saatgut und Dünger liegen.

Wenn Sie sich entschlossen haben, die Sache anzupacken, sollten Sie sofort damit beginnen. Die ersten drei Abschnitte dieses Buchs werden Sie durch die Grundlagen der Planung, der Böden, der Dünger, des Anbaus, der Schädlinge und Krankheiten führen. Die folgenden drei Kapitel beschreiben detailliert Gemüse- und Obsternten und wie man ein Gewächshaus verwendet. Wenn Sie jedoch zu ungeduldig sind, sich alles durchzulesen, dann gehen Sie gleich auf Seite 10, wo Sie einen „Schnelleinstieg“ finden, der Ihnen das bietet, was Sie benötigen.

Erste Schritte

„Was du heute kannst besorgen, das verschiebe nicht auf morgen" ist ein bekannter Spruch, doch die beste Zeit ist Ende Winter oder Anfang Frühling, um mit dem Anbau von Obst und Gemüse zu beginnen, die beste Zeit, um Obstbäume und Büsche zu pflanzen, den Boden vollständig zu kultivieren und ihn für die Aussaat im Frühling vorzubereiten. Gartenzentren bietet jede Menge Saatgut und Pflanzen und Sie werden alsbald die Resultate Ihrer Arbeit sehen.

Schnelleinstieg

Vielleicht sind Sie so versessen darauf sofort zu beginnen, dass Sie nicht genug Zeit haben, das ganze Buch durchzulesen, bevor Sie anfangen. Dann sind Sie auf genau der richtigen Seite dieses Buches! Hier finden Sie ein paar Vorschläge für einen sofortigen Beginn mit ein paar schnellwachsenden und dankbaren Feldfrüchten. Zu jedem Punkt finden Sie Verweise zu den Seiten, die mehr Details enthalten.

- Graben Sie den Boden gründlich um, und entfernen Sie das ganze Unkraut (siehe S. 26-28).
- Treten Sie den Boden leicht fest, harken Sie ihn und verwenden Sie einen allgemeinen Dünger von 60 g/m² bis 75 g/m² (siehe S. 32-34).
- Säen Sie Anfang Frühling Salat, Frühlingszwiebeln und Rettich (siehe S. 77-79) und Karotten (siehe S. 66-67) aus.
- Im späten Frühling folgen Buschbohnen (siehe S. 62), rote Beete (siehe S. 70) und Spinat (siehe S. 85-86).
- Säen Sie das Saatgut dünn in Furchen von 30 cm Abstand (siehe S. 56).
- Pflanzen Sie ein paar Saatkartoffeln in etwas Erde in einem tiefen Topf oder in einer Kunststofftonne an und geben Sie weitere Erde darauf, wenn sie zu wachsen beginnen (siehe S. 71-73).
- Im Frühsommer sollten Sie sich in Ihrem örtlichen Gartenzentrum nach Tomaten-, Zucchini- und Zuckermais-Pflanzen umsehen und diese im Abstand von 45 cm einpflanzen (siehe S. 82).
- Für eine schnelle Beerenobsternte sollten Sie sich in Ihrem Gartenzentrum nach vorgezüchteten Erdbeerpflanzen umsehen. Setzen Sie sie in großen Töpfen ein, um sie vor Schnecken zu schützen (siehe S. 100-102).
- Wässern Sie Ihre Feldfrüchte ausreichend während trockener Tage (siehe S. 30).
- Ernten Sie die Feldfrüchte, sobald sie groß genug sind und säen Sie die gleichen Feldfrüchte erneut aus, um den Fortbestand zu sichern.

Die besten Standorte für Obst und Gemüse

Wenn Sie in Ihrem eigenen Garten hinter dem Haus genügend Platz haben, ist das wahrscheinlich die beste Stelle für einen Gemüsegarten. Ihre Feldfrüchte sind einfach und schnell in regelmäßigen Abständen zu pflegen und Sie können bequem hinausgehen und etwas Frisches für eine Mahlzeit ernten. Sie haben auch einen Wasseranschluss und, falls erforderlich, Strom und einen sicheren Aufbewahrungsort für Ihre Gerätschaften. Wenn Sie in Ihrem eigenen Garten nicht genügend Platz haben, hat Ihr Nachbar vielleicht mehr Platz als er nutzen kann und möglicherweise ist er bereit, Ihnen ein Stück zur Verfügung zu stellen. Meistens reicht hin und wieder ein Korb voll Gemüse als Dank.

Schrebergärten

Schrebergärten könnten die nächstbeste Wahl sein. Sie befinden sich dann in einer Gemeinschaft von eifrigen Gärtnern, die wahrscheinlich jede Menge Erfahrung besitzen, Ratschläge erteilen können und oftmals auch freundliche Kameradschaft bieten. Manche Schrebergartenanlagen sind anspruchsvoll, andere wiederum ganz bodenständig, deshalb sollten Sie die verfügbaren Einrichtungen prüfen. Einige Anlagen erlauben Schuppen und Gewächshäuser, andere wiederum nicht. Da sich derzeit der Anbau von Gemüse wachsender Beliebtheit erfreut, haben die meisten Schrebergartenanlagen leider Wartezeiten von mehreren Jahren. Stark genutzte Parzellen können Probleme mit verseuchtem Boden aufweisen, vernachlässigte mit Unkraut. Es kann eine ganze Saison in Anspruch nehmen, bis die Parzelle benutzt werden kann. Sprechen Sie mit Schrebergarteninhabern über Probleme und Herausforderungen, einschließlich Ungeziefer und Kriminalität. Ein ganzer Schrebergarten ermöglicht es Ihnen anzubauen, was immer Sie wollen, aber er nimmt auch jede Menge Zeit in Anspruch – vielleicht möchten Sie ihn mit jemandem teilen oder fragen Sie nach einem Garten, der nur halb so groß ist.

Gemeinschaftsgärten

Gemeinschaftsgärten und Stadtfarmen sind örtliche Initiativen, die um ein Stück Land angelegt sind, auf dem man normalerweise Feldfrüchte anbauen und kleine Tiere wie z. B. Hühner halten kann. Gemeinschaftsgärten, die oftmals mehr auf Nachbarschaft als Schrebergärten basieren, werden meist von Gruppen von Einzelpersonen bestellt, die gemeinsam Lebensmittel anbauen. Die Parzellen können klein sein und die Arbeit teilt man sich. Mitunter sind die Parzellen ein Ausdruck der lokalen Bevölkerung, wenn verschiedene Ethnien Feldfrüchte anbauen. Gemeinschaftsgärten können groß und gut organisiert sein oder ganz kleine, schmale Flecken ungenutzten Landes. In einigen Gebieten werden riesige Plastiktaschen, die normalerweise für den Transport von Sand bei Bauarbeiten benutzt werden, mit Erde gefüllt verwendet, um eine leere verfallene Betonfläche von einem Schandfleck zu einer produktiven und farbenfrohen Fläche zu verwandeln.

Anbau von Gemüse auf kleinen Flächen

Viele Leute wollen gerne Obst und Gemüse anbauen, denken aber, dass ihre Fläche nicht ausreichend groß ist. Doch selbst in einem winzigen Garten oder auf dem Balkon können Sie einige Gemüse und Früchte züchten. Bei begrenzter Fläche sollten Sie kompakte Sorten wählen, und am besten solche, die als „Minigemüse" gehandelt werden. Setzen Sie die Pflanzen in dichtem Abstand und ernten Sie, wenn das Gemüse noch klein ist, aber säen Sie gleich wieder aus, um Ihre Flächen größtmöglich zu nutzen. Verwenden Sie alles, was Sie an Fläche haben, dazu noch Beet-Taschen, Töpfe und Behälter. Benutzen Sie immer neue Beet-Taschen und tauschen Sie jedes Jahr die Erde in Blumentöpfen aus, um der Entwicklung von Krankheiten vorzubeugen und um den größtmöglichen Ertrag aus der kleinen Fläche zu erzielen. Nehmen Sie keine Feldfrüchte mit langer Reifezeit, wie Speisezwiebeln und Winterkohl oder Pflanzen, die viel Platz beanspruchen, wie Ackerkartoffeln und Zucchini.

Karotten, Rüben und rote Beete entwickeln schnell zarte kleine Wurzeln. Wählen Sie den Lauch „Bavaria" für eine Früherernte. Eine Palette an Salaten und Blattgemüsen wie Spinat können auf kleinen Flächen angebaut werden. Brokkoli wächst in kleinen Köpfen in dichten Abständen, es lohnt sich aber nicht, ihn für eine zweite Ernte weiter anzubauen. „Bambi" ist eine kleine

Blumenkohlsorte und „Mitsumo“ eine Weißkohlsorte für wenig Platzbedarf. Tomaten, Paprika und Auberginen können leicht in Töpfen oder Beet-Taschen angebaut werden. Die kleinen Kirschtomaten der Sorte „Balkonstar“ oder „Miniboy“ gedeihen selbst in Blumenampeln.

Pflanzgefäße
Gemüse wächst in allen möglichen Töpfen oder Kunststoffgefäßen solange diese tief genug sind und am Boden Drainagelöcher aufweisen. Ausrangierte Plastiktaschen, die für den Transport von Sand auf Bauerstellen benutzt wurden, ergeben auszeichnete Beete, und Kompostsäcke aus Kunststoff ergeben große Töpfe, die sich sehr gut für die Kartoffelzucht eignen. Handelsübliche Pflanzbeutel können für schnell wachsende Gemüse verwendet werden, sind aber für solche mit langen Wurzeln oder langfristige Feldfrüchte zu flach. Sie können für Salate, Zwergbuschbohnen, Flachwurzler wie Karotten, rote Beete oder Tomaten Verwendung finden.

Mehrzweckkompost eignet sich für wachsendes Gemüse und kann für verschiedene Feldfrüchte das Jahr über verwendet werden, muss aber in jeder Saison erneuert werden. Der verbrauchte Kompost kann auf den Komposthaufen gebracht werden. Für langfristige Feldfrüchte nehmen Sie am besten Fertigkompost, der etwas Erde enthält.

Kartoffeltöpfe

In einem großen Kübel, einer Wanne oder einer speziellen Kartoffeltasche können Sie einen kleinen Ertrag an Kartoffeln erzielen. Zuerst kommt in den Behälter eine Schicht von ca. 20 cm guter Blumenerde, darauf werden die Kartoffeln gepflanzt, die gut gewässert werden müssen. Wenn sie zu wachsen beginnen, häufen Sie in Abschnitten Kompost auf, aber nie mehr als 7,5 cm pro Mal. Zur Erntezeit kippen Sie den Behälter um und trennen die Kartoffeln von der Erde. Bedenken Sie, dass die Kartoffeln im Dunkeln wachsen müssen, weil sie sonst grün werden, weshalb Sie keine durchsichtigen Plastikbehälter verwenden sollten.

Obstanbau auf kleinen Flächen

Obst auf kleiner Fläche anzubauen ist eine größere Herausforderung, aber nicht unmöglich. Die meisten Obstsorten müssen frei in der Erde gezogen werden, auch wenn einige Sorten in großen Töpfen gezüchtet werden können. Die meisten Obstsorten bevorzugen einen sonnigen Platz. Wenn Sie an einer Wand etwas Platz haben, können Sie Spalierobst anpflanzen, wie Äpfel, Pflaumen oder Birnen. Diese werden regelmäßig gestutzt, so dass sie wenig Platz benötigen. Wenn Sie Obstbäume (siehe S. 90 zu den Obstsorten) kaufen, wie Apfel-, Birnen-, Pflaumen- oder Kirschbäume, sollten Sie sich immer vergewissern, dass es junge Bäume sind, die auf einen Wurzelstock aufgepfropft wurden. Die Zwergnektarine „Redgold" ist gut für Gefäße geeignet und trägt große saftige und süße Früchte.

Für kleine Gärten bietet sich das Konzept eines „Familien"-Apfelbaums an. Drei oder mehr Sorten werden auf einen Wurzelstock aufgepfropft, so dass an einem Stamm drei oder mehr Sorten wachsen. Wichtig ist, dass bei einem solchen Baum sich die verschiedenen Sorten gegenseitig befruchten, so dass sie zur gleichen Zeit wachsen und so der Baum im Gleichgewicht bleibt. Sie können das Gleiche auch mit Birnen machen.

Rote und weiße Johannisbeeren sowie Stachelbeeren können als Spalierobst gezogen werden und haben einen geringen Platzbedarf. Schwarze Johannisbeeren hingegen wachsen in die Breite und sind daher weniger als Spalierobst geeignet. Himbeeren wachsen auch vertikal und drei oder fünf Himbeerstöcke können um einen mittig gesetzten Pfosten wachsen.

Erdbeeren können leicht in Pflanztaschen/Säcken, Töpfen oder Ampeln gezogen werden. Werden Erdbeeren in Behältern angebaut, die über dem Boden stehen, können auf diese Weise Schnecken ferngehalten werden.

Werkzeuge und Gerätschaften

Ein schlechter Handwerker gibt seinem Werkzeug die Schuld, pflegte mein Vater zu sagen, wenn bei mir etwas schiefging. Ob er Recht hatte oder nicht, sei dahingestellt, aber ein guter Gärtner benötigt eine Kombination aus Fertigkeiten und den richtigen Werkzeugen für seine Arbeit. Die wichtigsten Werkzeuge für alle Gartenarbeiten sind ein Spaten, eine Grabegabel, ein Rechen, eine Hacke, eine Pflanzschaufel, Gartenschere und eine Schubkarre. Nehmen Sie verschiedene Spaten in die Hand, um zu prüfen, welcher am besten in der Hand liegt. Eine Grabegabel ist wahrscheinlich das zweitwichtigste Werkzeug und kann für Dutzende von Arbeiten verwendet werden. Es gibt kleinere Spaten und Grabegabeln, die für weniger kraftaufwändige Arbeiten geeignet sind. Der beste Rechen ist ein standardmäßiger mit Stahlzinken, der zum Aufbrechen der Erde, zum Glätten und Anlegen eines Ackers dient.

Hacken gibt es in unterschiedlichen Ausführungen. Der Rübenjäter ist fürs Jäten bestens geeignet, und wird beim Rückwärtsgehen schwungvoll eingesetzt. Für den Anbau von Gemüse ist eine Breitblatthacke erforderlich, teils um damit Furchen für das Saatgut anzulegen oder Erde bei Kartoffeln anzuhäufeln. Hacken mit kurzem Stiel, auch Halbmondhacken genannt, sind außerordentlich dienlich bei Arbeiten auf engem Raum, wie dem Ausdünnen von Sämlingen. Eine Schubkarre ist für Obst- und Gemüseerzeugung unerlässlich. Sollte die Beförderung von Materialien ein Problem darstellen, so gibt es auch Karren mit großer Luftbereifung und solche mit zwei Rädern, sogenannte Gartenkarren.

Eine Pflanzschaufel ist ein kleines Werkzeug, das Sie sorgfältig aussuchen sollten. Nehmen Sie am besten eine mit einem weichen Griff, der gut in der Hand liegt. Eine Gartenschnur wird zum Ziehen von geraden Reihen zum Aussäen und Pflanzen benötigt, oder Sie nehmen dafür ein langes Brett. Für Pestizide werden Sie ein Sprühgerät brauchen. Eine Gartenschere, möglicherweise eine Baumschere und eine kleine Baumsäge werden zum Stutzen von Obstbäumen benötigt. Eine Gießkanne ist immer nützlich und solche aus Kunststoff sind besonders leicht und halten lange. Wenn Sie einen Gartenschlauch kaufen, dann am besten einen, der verstärkt und von guter Qualität ist und nicht knickt und kaufen Sie auch einen Gartenschlauchwagen zum Aufrollen des Schlauchs.

Sie sollten immer ein Paar robuste Gartenhandschuhe benutzen, um Ihre Hände zu schonen, wenn Sie schwere Arbeiten verrichten. Mit bloßen Händen in der Erde zu graben, wie es manche TV-Größen tun, ist nicht besonders klug, weil Erde leicht Pathogene enthalten kann, die Infektionen auslösen können, zudem besteht immer das Risiko auf eine Glasscherbe oder ein rostiges Metall zu stoßen. Nachdem ich mein Leben lang durch die Gartenarbeit trockene, rissige Hände hatte, wurde ich zu einem begeisterten Benutzer von Einweg-Vinylhandschuhen für alle Gartenarbeiten. Sie sollten vor und nach jeder Gartenarbeit ihre Hände gut eincremen.

Ernte und Lagerung

Frisches Obst und Gemüse ist unzweifelhaft besonders lecker und nährstoffreich, doch ganz gleich wie sehr Sie geplant haben, ein Überangebot wird es immer geben. Einige Gemüsesorten wie Erbsen und Zuckermais reifen zur gleichen Zeit wie viele Früchte auch. Ein paar Tage verpasster Ernte führen zu Rekordernten. Für kurze Zeit lassen sich die meisten Gemüsesorten und Früchte in einer kühlen Speisekammer oder in einem Kühlschrank lagern.

Für eine längere Lagerung sind meistens Küchentechniken erforderlich, doch mitunter auch gärtnerische. Kartoffeln und Zwiebeln lassen sich über den Winter an einem kühlen, trockenen frostfreien Ort lagern. Kartoffeln sollten am besten in großen Papiersäcken, aber nicht in Polyethylenbeuteln aufbewahrt werden. Zwiebeln bindet man am besten zu einem langen Strang zusammen und hängt sie am Dach eines Schuppens auf. Äpfel und Birnen können in offenen Kisten, die übereinandergestapelt werden, an einem kühlen, frostfreien Platz aufbewahrt werden, vorzugsweise einzeln in Wachspapier eingeschlagen, um den Verlust von Feuchtigkeit zu verhindern. Wurzelgemüse wie Kartoffeln, Karotten, Pastinaken und Kohlrüben können auch im Freien in einer sogenannten Miete gelagert werden. Alle gelagerten Früchte und Gemüse müssen regelmäßig überprüft und Verfaultes weggeworfen werden.

Für eine Lagerung von Gemüse und Obst in der Küche gibt es verschiedene Möglichkeiten. Einfrieren ist zweifellos die einfachste und erfolgreichste Methode für eine breite Palette an Obst und Gemüse. Sehen Sie in einer Gefrieranleitung hinsichtlich Vorbereitung und Blanchierzeiten nach. Die meisten Früchte können zu Marmelade verarbeitet werden und die traditionelle Methode der Abfüllung in Gläser ist bei fleischigen Früchten wie Birnen und Pflaumen sehr vielversprechend. Einige Gemüsesorten wie Zwiebeln, Rotkohl und Gewürzgurken sind fürs Einlegen geeignet oder für Chutneys. Vor allem können grüne Tomaten am Saisonende für wohlschmeckende Wintereintöpfe eingelegt werden. Manche Bohnensorten lässt man voll ausreifen und trocknet sie dann in luftdichten Töpfen. Und natürlich können die meisten Früchte und sogar einige Gemüsesorten wie Pastinaken zur Erzeugung von recht passablem Landwein verwendet werden.

Die Grundlagen

Erde ist die Grundlage, in der alle Pflanzen gedeihen. Wenn Sie die Grundlagen des Bodens kennen, wissen wie man Böden kultiviert und wie Pflanzen gut gedungt werden, sind Sie auf dem richtigen Weg für Obst- und Gemüseanbau. Dieses Kapitel ist diesen Grundlagen gewidmet, die der Schlüssel für fast jede Feldfrucht sind.

Böden für Obst und Gemüse

Der Erdboden bietet den Pflanzen Verankerung und ist die wesentliche Quelle für Feuchtigkeit und Nährstoffe. Humus ist die reichhaltige, gut kultivierte oberste Schicht des Erdbodens, in dem die meisten Pflanzenwurzeln wachsen. Die Humusschicht ist normalerweise 30 cm tief, was jedoch beträchtlich variieren kann, je nachdem ob sie kultiviert oder vernachlässigt wurde. Der Untergrund befindet sich unter der Humusschicht, ist im Allgemeinen ärmer, kompakter und weniger reichhaltig. Durch eine intensive Kultivierung und Hinzufügen von Bodenverbesserungsmittel kann die Humusschicht in einem Garten vermehrt werden, was wiederum in einem verbesserten Anbaupotential resultiert.

Ein guter Boden enthält mineralische Feststoffe, organische Stoffe, Luft und Wasser. Raum für Luft und Wasser ist besonders wichtig und wenn die Erde komprimiert wird, sei es weil sie stark beansprucht wird oder Fahrzeuge darüber fahren, wird der Raum für Luft und Wasser zusammengepresst, was es für Pflanzen schwieriger macht adäquat zu wachsen. Durch Bearbeitung wird der Erdboden aufgelockert, so dass Luft und Wasser leichter eindringen können.

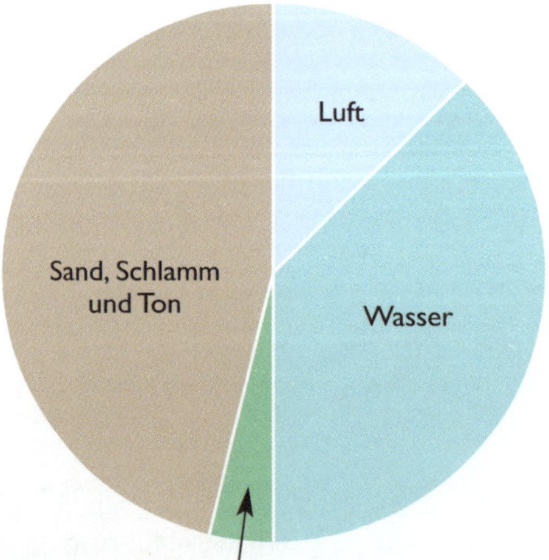

Die mineralischen Komponenten des Erdbodens bestehen normalerweise aus drei grundlegenden Komponenten: Ton, Schlamm und Sand. Ein guter Boden besteht aus einer Mischung aller drei Arten und Gärtner bezeichnen diese Böden als Lehmböden. Mittlere Lehmböden gelten als ideal, doch nicht alle Gärtner sind in der glücklichen Lage einen solchen Boden vorzufinden, weshalb man lernen muss, den Boden, den man zur Verfügung hat, zu nutzen.

Tonböden

Tonböden sind schwer und im Allgemeinen schlecht zu kultivieren. Sie können nass sein, schlecht entwässert und erwärmen sich deshalb im Frühjahr nur langsam. Im Sommer halten sie jedoch mehr Feuchtigkeit zurück, gelten als nährstoffreich und sind gut für den Obstanbau. Durch sorgfältige Bearbeitung, Zugabe organischer Stoffe und möglicherweise Brechsand können sie verbessert werden.

Sandige und lehmige Böden

Sandige Böden sind frei ableitend, einfach zu bearbeiten und neigen dazu sich im Frühjahr schnell zu erwärmen, so dass sie für den Anbau von Gemüse gut geeignet sind. Vor allem Wurzelgemüse wie Karotten gedeiht gut auf ihnen. Sandige Böden können Wasser und Dünger nicht leicht zurückhalten, weshalb sie im Sommer mehr gewässert und regelmäßig gedüngt werden müssen. Auch sie profitieren von der Zugabe organischer Stoffe. Lehmige Böden sind nicht so häufig, aber ebenfalls für den Gemüseanbau geeignet. Sie verhalten sich im Allgemeinen mehr wie sandige Böden, sind aber nährstoffreicher und trocknen weniger leicht aus.

Welchen Boden haben Sie?

Es ist wichtig zu wissen, welche Bodenart man vor sich hat, um ihn richtig bearbeiten und die entsprechenden Feldfrüchte anzubauen zu können. Zur Bestimmung der Bodenart reiben Sie zwischen nassen Fingern ein wenig Erde. Ein sandiger Boden ist leicht festzustellen, weil sich die Probe rau und grobkörnig anfühlt und nicht zusammenklebt.

Ein Tonboden fühlt sich klebrig an und eine größere Probe davon wird zu einer schimmernden Kugel zusammenrollen. Schlammige Böden sind schwieriger zu bestimmen, doch fühlen sie sich im Allgemeinen seidig und weich an. Bei einem Lehmboden fühlen Sie alle drei Komponenten in der Mischung. Je nach Anteilen spricht man von einem sandigen Lehmboden, wenn der Sandanteil hoch ist oder von einem tonigen Lehmboden am anderen Ende der Skala usw.

pH-Wert des Bodens

Böden können sauer oder alkalisch sein und werden nach ihrem pH-Wert gemessen. Liegt der pH-Wert in der Mitte der Skala bei 7, wird der Boden als neutral, also weder sauer noch alkalisch bezeichnet. Böden mit einem pH-Wert über 7 gelten als alkalisch, und darunter als sauer. Für viele Pflanzen ist der ideale pH-Wert bei 6,5, also ein leicht saurer Boden. Einige Pflanzen reagieren sehr empfindlich auf den pH-Wert und wachsen nur bei einem bestimmten Wert. Beispielweise benötigen Gemüse aus der Familie der Kreuzblütengewächse (Brassicaceae) wie Kohl, Rosenkohl und Rüben einen sehr hohen pH-Wert, um richtig zu gedeihen. Im Gegensatz dazu benötigen Kartoffeln einen leicht sauren Boden. Die Verwendbarkeit von pflanzlichen Nährstoffen sollte ebenfalls durch den pH-Wert geregelt werden.

Der pH-Wert des Bodens bleibt nicht konstant. Regen und der natürliche Kreislauf innerhalb der Böden führen zu einer langsamen Säuerung. Deshalb ist es von Zeit zu Zeit erforderlich Kalk oder Kreide zur Neutralisierung der Säure hinzuzufügen. Das Kalken sollte an die Feldfruchtrotation gekoppelt sein (siehe S. 53), so dass der Kalk kurz vor dem Anpflanzen von Kreuzblütlern zugeführt wird.

Der pH-Wert im eigenen Garten ist sehr wichtig. Es gibt in den Gartenzentren fertige Test-Sets. Einzelne Erdproben werden an verschiedenen Stellen entnommen und zusammengemischt, um einen Mittelwert zu erzielen. Die Erdmischung wird dann zusammen mit dem Testmittel und Wasser in einem Röhrchen geschüttelt. Das Reagens verändert je nach pH-Wert die Farbe, die man mit einer Farbskala vergleichen kann.

Ein solches Test-Set für Böden umfasst normalerweise Informationen zur Menge des zu verabreichenden Kalks, der vorzugsweise im Herbst dem Boden zugeführt werden sollte, weil die Reaktion langsam und bis zum nächsten Frühling nicht vollständig wirksam sein wird. Die Auswirkungen von Kalkgaben rückgängig zu machen ist nicht leicht, weshalb nur kleine Mengen zu verwenden sind und die Wirkung vor weiteren Zugaben zu überwachen ist. Tragen Sie immer Gummihandschuhe, eine Staubmaske und Augenschutz, wenn Sie Kalk verwenden, der reizend sein kann. Verwenden Sie niemals Kalk zusammen mit Stalldung, weil beides miteinander reagiert, was in der Freisetzung überschüssigen Ammoniaks resultiert, so dass Wurzeln verbrennen und keines von beiden wirkt.

Leben in der Erde

Eine gute Erde ist eine lebendige, quirlige Gemeinschaft für sich. In der Erde gibt es viele kleine nützliche Lebewesen, von denen einige sichtbar sind, wie Regenwürmer, Asseln und Tausendfüßler sowie andere mikroskopisch kleine Bakterien und Pilze, die in der Erde leben und zu einem gesunden Zustand beitragen. Eine der Hauptaktivitäten der Erdorganismen ist es tote Materialien in der Erde aufzuspalten und sie in organische Stoffe umzuwandeln. Das ist lebenswichtig und die Zugabe von zusätzlichen organischen Stoffen ist eine der besten Arten fast jeden Erdboden zu verbessern. Es gibt viele verschiedene Quellen organischer Stoffe, aber alle werden aus lebenden Materialien gewonnen.

Herkunft organischer Stoffe

- Gartenkompost
- recycelte Grünabfälle (von der örtlichen Behörde)
- Stalldung
- Hühnermist
- verbrauchter Pilzkompost
- Laubabfälle
- kompostierte Algen
- verbrauchter Hopfen oder Biertreber

Alle diese organischen Stoffe sind wertvoll und weisen unterschiedliche Preise auf, je nachdem woher sie stammen. Stalldung oder Hühnermist müssen vor der Verwendung gut zersetzt sein, sonst könnten die Pflanzenwurzeln Schaden nehmen. Pilzkompost ist gut, aber oftmals alkalisch, deshalb sollte er an Feldfrüchten gebunden sein, die Kalk benötigen.

Organisch gärtnern

Manche Gärtner haben sich dazu entschlossen Feldfrüchte organisch anzubauen, was bedeutet, dass so natürlich wie möglich angebaut wird, d. h. ohne chemische Dünger, Pestizide oder Unkrautvernichtungsmittel. Das ist durchaus möglich und für viele Menschen eine Sache der Überzeugung. Alle Gärtner sollten die Tier- und Pflanzenwelt in ihrem Garten achten und insbesondere das Leben in der Erde. Für diejenigen, die weniger überzeugt sind, kann ein moderater Ansatz aus einer Mischung von organischen Prinzipien und modernen Düngern zusammen mit einem Minimum an Pestiziden oftmals ein brauchbarer Kompromiss sein.

Kompostieren

Kompostieren ist für alle Gärtner ein wertvoller Vorgang. Ein Komposthaufen bietet ein Mittel zur Beseitigung für die Mehrheit der Garten- und Küchenabfälle, die auf diese Weise nicht zur Deponie gebracht werden müssen. Das Endprodukt ist für die Anreicherung der Erde wertvoll – zahlt sich also doppelt aus! Wenn möglich, sollten Sie zwei Komposthaufen anlegen. Während sich der eine gerade zersetzt, können Sie bereits den nächsten aufbauen. Zwei Haufen von der Größe eines Kubikmeters reichen für die meisten kleinen Gärten aus. Am besten legt man den Komposthaufen in einer Art Behälter an, damit der Haufen sauber und in Ordnung bleibt. In Gartenzentren gibt es Abfallbehälter der Eigenmarke aus Kunststoff, in einigen Gegenden stellt auch die Gemeinde Behälter kostenlos zur Verfügung. Aus alten Holzpaletten kann kostengünstig ein sehr nützlicher Behälter selbst hergestellt werden, der auf drei Seiten geschlossen ist und auf der vierten Seite lose oder offen ist, um Zugang zu haben.

Viele verschiedene Abfallsorten können auf einem Komposthaufen landen. Raue und lockere Materialien sind am besten am Boden zu deponieren, damit Wasser leicht abfließen kann. Ein guter Komposthaufen besteht aus einer Mischung von Materialien. Einige Abfälle, wie Kohlstrünke oder Gehölzschnitte können recht holzig sein, wohingegen frisches Unkraut und Pflanzenabfälle weich und saftig sind. Die Mischung der verschiedenen Materialien trägt dazu bei, dass sich die verschiedenen Bestandteile zersetzen. Kleine, im Handel erhältliche Häckselmaschinen sind praktisch zum Zerkleinern von Obstbaumzuschnitten oder zähen Kohlstrünken, wodurch die Kompostierung schneller und gleichmäßiger vonstattengehen kann.

Was auf den Kompost darf

- Unkraut
- Grasmahd
- Herbstlaub
- Abgestorbene Pflanzen und Feldfrüchte
- Verwelkte Blumenköpfe oder Schnittblumen
- Wurzelballen oder verbrauchte Blumentopferde
- Gemüseschalen aus der Küche
- Zerrissene Zeitungen
- Gehölz- und Heckenzuschnitte (gehäckselt)

Vermeiden Sie immer wiederkehrendes Unkraut, abgestorbene Pflanzen, Haustierkot und gekochtes Essen oder Fleisch, was Parasiten anlocken könnte.

Eine Zersetzung kann nicht stattfinden, wenn die Bestandteile trocken sind, weshalb der Komposthaufen gewässert werden sollte, falls er trocken ist. Kompostaktivatoren stehen zwar zur Verfügung, die hinzugefügt werden können, um die natürlichen Organismen zu unterstützen, sie sind aber nicht unbedingt erforderlich, wenn der Haufen eine gute Mischung aus verschiedenen Bestandteilen ist. Sechs bis acht Wochen, nachdem der Haufen fertiggestellt ist, sollte er gewendet werden. Der halbfertige Kompost wird umgegraben und neu gemischt, durchgelüftet und wieder aufgeschichtet. Dieser Vorgang ist nicht unbedingt erforderlich, aber er trägt dazu bei, dass sich guter Kompost bildet und zwar innerhalb einer kurzen Zeitspanne.

Ein fauliger Geruch, der aus dem Komposthaufen aufsteigt, bedeutet, dass er zu nass ist, was normalerweise von zu saftigen Materialien wie nasser Grasmahd herrührt. Normalerweise hilft es, wenn zwischen das zu feuchte Material trockeneres gegeben wird. Der Kompost ist fertig, wenn er einer krümeligen braunen Substanz ähnelt, deren Bestandteile kaum mehr zu erkennen sind. Er sollte erdig, aber nicht unangenehm riechen. Das kann je nach Jahreszeit drei bis sechs Monate dauern.

Bodenbearbeitung

Die Bodenbearbeitung ist das Kernstück der meisten Anbaumethoden, insbesondere beim Gemüseanbau. Dazu gehören Umgraben, Graben, Hacken und Rechen. Der Boden sollte nicht bearbeitet werden, wenn er nass ist. Das ist besonders wichtig bei Lehmböden, die klebrig sind und leicht Schaden nehmen können, sollten sie in nassem Zustand bearbeitet werden. Die wichtigste Arbeit ist das Umgraben, durch die der Boden für fast jeden Anbau grundlegend vorbereitet wird. Dadurch wird die Entwässerung und Belüftung der oberen Erdschicht verbessert. Es kann zu jeder Zeit umgegraben werden, doch bei Lehmböden empfiehlt es sich vor dem Winter, weil Kälte, Wind und Frost dazu beitragen die Oberfläche aufzubrechen und sie für Frühlingspflanzungen bröckeliger macht.

Einfaches Umgraben (ein Spaten tief)

Beim einfachen Umgraben verwendet man einen Spaten. Sie heben mit dem Spaten einen kleinen Graben in der Breite des Bereichs aus, der bearbeitet werden soll und transportieren den Aushub ans andere Ende des Beets. Dann wird weiter umgegraben, die Erde im offenen Graben gewendet, wobei Unkraut begraben wird und eine frische Schicht Erde auf der Oberseite zurückbleibt. Sie sollten rückwärts vorgehen, so dass die überschüssige Erde in den letzten Graben gefüllt wird. Kompost oder andere organische Stoffe können dem offenen Graben zugeführt werden, bevor er mit Erde bedeckt wird. Nachlässige Gärtner versäumen es oft einen Graben zu ziehen, und das Umgraben wird dann zu einem Durcheinander!

Zweifach Umgraben oder Holländern (zwei Spaten tief)

Zweifaches Umgraben oder Holländern ist eine traditionelle und mühselige Technik, mit der der Boden bis zu zwei Spaten tief aufgebrochen wird. Sie lohnt sich aber auf Böden, die kompakt sind oder vorher nicht bearbeitet wurden. Der Vorgang beginnt mit einem Graben von doppelter Breite von ca. 60 cm. Der Aushub wird ans Ende des Beets transportiert. Der Unterboden des Grabens wird mit einer Grabegabel bis zu einer weiteren Spatentiefe aufgebrochen. Organische Stoffe können hinzugegeben werden, bevor mit Humusschicht aus einem zweiten Graben aufgefüllt wird.

Garten ohne Umgraben

Das klingt ideal! Es handelt sich um eine Technik, bei der wir den Boden kaum belasten, jedoch jedes Jahr eine dicke Schicht frischen Gartenkomposts auflegen und es Würmern und anderen Organismen überlassen, diesen in den Boden einzuarbeiten. Das Gemüse wird direkt in die neue Kompostschicht gesät. Der Untergrund muss gut kultiviert und frei von Drainageproblemen sein, bevor Sie diese Technik anwenden und es ist entscheidend, dass der Boden nicht kompakt wird, indem darauf herumgegangen wird. Diese Technik eignet sich am besten für kleine Beete, die von jeder Seite aus gepflegt werden können. Der Kompost muss gut zersetzt und frei von Unkraut sein.

Verwendung einer Bodenfräse

Die Verwendung einer Bodenfräse zur schnellen Bearbeitung großer Flächen erscheint sehr attraktiv, vor allem für diejenigen, die wenig Zeit haben, und solche Maschinen können sehr nützlich sein, doch haben sie auch ihre Probleme. Es handelt sich um schwere Ausrüstungsgegenstände und mit ihnen ein vernachlässigtes Stück Land zu bearbeiten, kann harte Arbeit sein, bei der man sich leicht die Schulter verrenkt – also nichts für Zarte! Bodenfräsen donnern durch den Boden und können schnell gute Erde in Staub oder eine pappige Masse verwandeln. Sie sollten deshalb nur dann angewendet werden, wenn der Boden feucht, aber nicht nass ist.

Unkrautvernichtung

Eine Parzelle von immer wiederkehrendem Unkraut wie Quecke, Giersch, Winde und Brombeergestrüpp zu befreien, ist ein hartes Stück Arbeit. Jeglicher hölzerner Bewuchs wie wildes Brombeergestrüpp oder kleine Baumsämlinge sollten ausgegraben und entfernt werden. Die wahrscheinlich effektivste und schnellste Art immer wiederkehrendes Unkraut zu entfernen geschieht mit dem Unkrautvernichtungsmittel Glyphosat. Es sollte während der Frühjahrs- und Sommermonate angewandt werden, wenn das Unkraut in vollem Wachstum steht. Es wird vom Unkraut absorbiert und tötet es einschließlich der Wurzeln ab. Bei widerstandsfähigem Unkraut muss die Anwendung wahrscheinlich mehrmals erfolgen. Diese Chemikalie ist sehr sicher im Umgang und sobald sie den Boden berührt, zerfällt sie in harmlose Komponenten. Sie können, sobald das Unkraut abgestorben ist, aussäen oder neu pflanzen. Aber seien Sie vorsichtig, es tötet auch alle Grünpflanzen, die Sie damit besprühen.

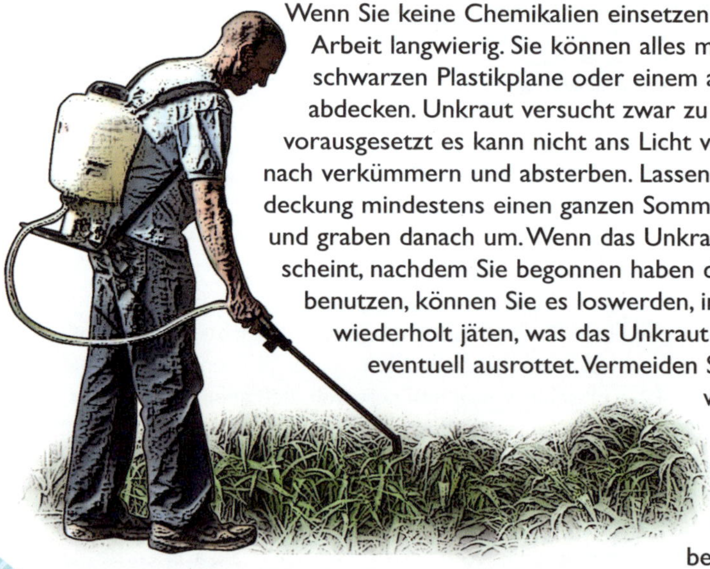

Wenn Sie keine Chemikalien einsetzen wollen, wird die Arbeit langwierig. Sie können alles mit einer dicken schwarzen Plastikplane oder einem alten Teppich abdecken. Unkraut versucht zwar zu wachsen, aber, vorausgesetzt es kann nicht ans Licht vordringen, danach verkümmern und absterben. Lassen Sie die Abdeckung mindestens einen ganzen Sommer lang liegen, und graben danach um. Wenn das Unkraut wieder erscheint, nachdem Sie begonnen haben die Parzelle zu benutzen, können Sie es loswerden, indem Sie wiederholt jäten, was das Unkraut schwächt und eventuell ausrottet. Vermeiden Sie ein mit wiederkehrendem Unkraut durchsetztes Beet mit einer Bodenfräse zu bearbeiten. Die Klingen der Fräse zerschneiden nur das Unkraut und Sie haben nachher mehr als zuvor.

Wasser im Erdreich

Eine adäquate Wasserzufuhr ist für ein gesundes Pflanzenwachstum unerlässlich. Eine gut durchstrukturierte Erde hat viele offene Stellen, die nicht nur Luft eindringen lassen, sondern auch in der Lage sind das Wasser zu absorbieren. Gute Erde wirkt wie ein Schwamm, der das Wasser für die Pflanzen zurückhält. Lehmböden mit winzigen Partikeln und winzigen Lufträumen halten die größte Wassermenge zurück. Sandige Böden haben größere Poren und obwohl sie sich leicht mit Wasser auffüllen, läuft dieses schnell ab und kann deshalb nicht für Pflanzen zurückbehalten werden. Im Allgemeinen muss ein sandiger Boden mehr gewässert werden als ein Lehmboden.

Wenn es regnet oder wenn Sie Erde wässern, füllen sich alle Räume mit Wasser und die Erde wird gesättigt. Wenn der Regen oder die Bewässerung aufhören, läuft das überschüssige Wasser ab, in den Porenräumen bleibt es jedoch hängen. Dieser Zustand, bei dem sowohl Luft als auch jede Menge Wasser im Erdreich vorhanden sind, ist ideal für die Wurzelfunktion und das Pflanzenwachstum. Wenn die Pflanzen wachsen, entziehen sie der Erde das Wasser bis keines mehr vorhanden ist und sie zu welken beginnen.

Wenn die überschüssige Feuchtigkeit nach dem Regen oder der Bewässerung nicht ablaufen kann, bleibt die Erde durchnässt. In einem wassergesättigten Boden können die Wurzeln nicht gedeihen, weil es keine Luft gibt, und sie sterben womöglich ab, wenn dieser Zustand anhält. In dieser Situation können die Pflanzen aufgrund der abgestorbenen Wurzeln kein Wasser mehr aufnehmen, und welken daher, was bei einem wassergesättigten Boden widersprüchlich zu sein scheint.

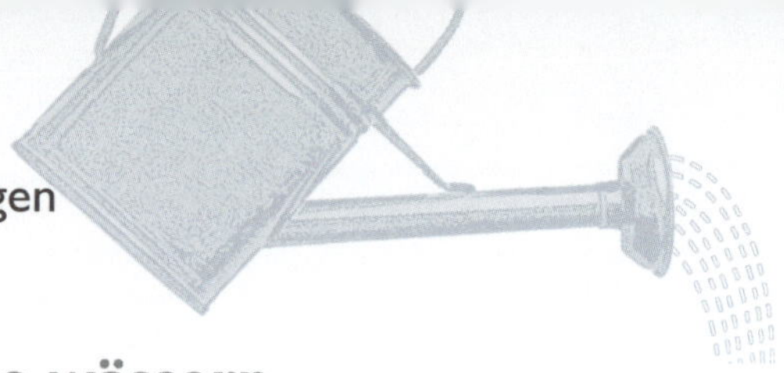

Obst und Gemüse wässern

Praktisch alle Obst- und Gemüsesorten haben einen hohen Wassergehalt, weshalb Feldfrüchte bei trockenem Wetter stets gewässert werden sollten. Vor allem Gewächshäuser und Töpfe müssen regelmäßig gegossen werden. Tomatenkulturen, die in Gewächshäusern im Sommer in vollem Wachstum stehen, brauchen täglich jede Menge Wasser. Frisch umgepflanzte Feldfrüchte und junge Obstbäume benötigen regelmäßiges Wässern. Keimende Samen sind ebenfalls sehr empfindlich und Sie müssen darauf achten die zarten Keimlinge oder die Bodenstruktur nicht zu beschädigen. Eine starke Berieselungsanlage, aus der Wasser auf ein Samenbeet niederprasselt, wird die Samen daran hindern auszutreiben, weil sie das Beet zu sehr unter Wasser setzt.

Einige Feldfrüchte haben während der Wachstumsfolge bestimmte Spitzenzeiten, in denen Wasser von größter Bedeutung ist. Himbeeren müssen beispielsweise genug Wasser haben, wenn die Früchte zu wachsen beginnen oder sie verkümmern. Tomaten brauchen viel Wasser, wenn die Blüten zur Bestäubung bereit sind, weil sich sonst keine Früchte bilden können und Kartoffeln benötigen reichlich Wasser, wenn die Knollen wachsen.

Im Prinzip sollten die Wassergaben reichlich sein, damit sich die Erde vollsaugen kann, und nur wenn die Erde Anzeichen von Trockenheit zeigt, ist wiederholt zu wässern. Häufiges geringes Wässern ist nicht ratsam, da das Wasser an der Oberfläche verdunstet und nicht bis zu den Wurzeln vordringen kann. Verwenden Sie am besten einen Wasserschlauch zum gründlichen Bewässern, damit die Erde bis zu den Wurzeln durchfeuchtet wird. Ein guter Regner mit großer Düse ist gegenüber einer feinen Düse zu bevorzugen, deren feiner Dunst weggeweht wird oder leicht verdampfen kann. Am besten wird abends oder des Nachts gewässert und nicht während des Tages bei hellem Sonnenschein oder Wind, weil sonst ein großer Teil des Wassers durch Verdunstung verlorengeht. Ein eingegrabener Blumentopf nahe einem jungen Baum trägt dazu bei, dass das Wasser direkt zu den Wurzeln geleitet wird.

Wassereinsparung

In diesen Zeiten der Wasserknappheit sollten wir Regenwasser auffangen und speichern, um den Wasserverbrauch aus städtischen Wasserwerken zu reduzieren und um der Bedeutung des Wassers für die Umwelt Rechnung zu tragen. Verschiedene Techniken und Ausrüstungsgegenstände sind erforderlich, um das Regenwasser in Tonnen zu leiten. Es sei nachdrücklich darauf hingewiesen, dass das gesammelte Wasser stehendes Wasser ist, das Pflanzenkrankheiten enthalten kann, weshalb es nicht in Gewächshäusern oder bei jungen Sämlingen verwendet werden sollte.

Es ist auch möglich sogenanntes graues Wasser zu verwenden, recyceltes Wasser aus Ihrer Waschmaschine, dem Bad oder Geschirrspüler. Es gibt Umschalter, die das Wasser in Wassertonnen oder Tanks leiten. Im Allgemeinen geht man davon aus, dass dieses recycelte Wasser für die meisten Feldfrüchte sicher verwendet werden kann.

Mulchen bezieht sich auf eine Art Abdeckung für die Erde, damit die Feuchtigkeit durch reduzierte Verdunstung beibehalten werden kann. Das Wachstum von Unkraut wird dadurch ebenfalls gehemmt. Mulch besteht oftmals aus grobem organischem Stoff wie Pilzkompost, Rinde oder Lauberde. Im Küchengarten kann Stroh, Polyethylen oder ein spezielles Gewebe für den Gartenbau verwendet werden.

Mulch sollte erst dann aufgetragen werden, wenn die Erde bereits feucht ist, so dass das Wasser im Erdreich gebunden wird. Organischer Mulch zersetzt sich langsam und wirkt wie ein allgemeiner Dünger. Mulch kann auch ein wichtiger Nährstofflieferant sein, vor allem von Spurenelementen, und deshalb können beispielsweise Weichholzobstbüsche oder Obstbäume jährlich mit Stalldung gemulcht werden. Der Mulch sollte mindestens 7,5-10 cm dick sein, um wirken zu können. Mulchen trägt auch zur Temperaturregelung bei, hält im Sommer die Erde kühl und im Winter warm.

Düngen von Obst und Gemüse

Alle Pflanzen brauchen zum Wachsen Nährstoffe, von denen die meisten in der Erde enthalten sind. Die drei wichtigen Elemente, die von Pflanzen benötigt werden, sind Stickstoff, Phosphor und Kalium (manchmal auch als Pottasche bezeichnet), die zu NPK nach den Anfangsbuchstaben ihrer chemischen Symbole zusammengefasst werden. Für das Wachstum werden NPK in großer Menge benötigt. Im Allgemeinen wird angenommen, dass Stickstoff als Nährstoff für das Wachstum der Blätter verantwortlich ist, während dagegen Phosphor für die Wurzeln und Kalium für die Blüten oder Früchte wichtig ist.

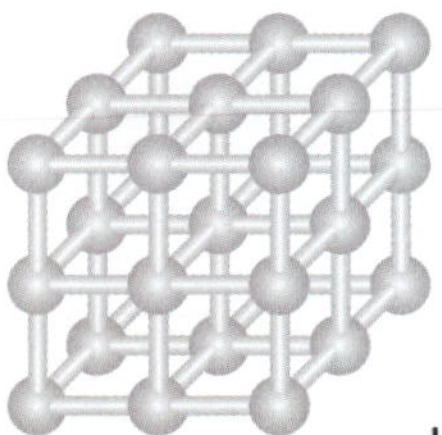

Zusätzlich benötigen die Pflanzen eine Reihe weiterer Elemente in unterschiedlichen Mengen. Magnesium (Mg), Kalzium (Ca) und Schwefel (S) sind die nächst wichtigen. Dann gibt es noch diejenigen, die in winzigen Mengen benötigt werden, wie Spurenelemente, die Eisen (Fe), Mangan (Mn), Kupfer (Cu), Zink (Zn), Bor (Bo), Molybdän (Mo) und Chlor (Cl) umfassen.

Was steht auf der Packung?

Laut Gesetz müssen alle Düngemittel auf der Außenseite der Verpackung eine Analyse der Inhaltsstoffe angeben. Jedes Düngemittel hat normalerweise einen dreistelligen Code, z. B. 15-30-15, was sich auf die Anteile von NPK bezieht. Jede kann auch eine detaillierte Analyse des Prozentsatzes der einzelnen Nährstoffe aufweisen. Das ist hilfreich, um feststellen zu können, ob auch Spurenelemente enthalten sind. Zudem sollte auf der Packung die Anwendungsdosis vermerkt sein bzw. bei Flüssigdüngern die Verdünnungsrate. Sie sollten die Anweisungen stets lesen und niemals über die empfohlene Anwendungsmenge hinaus düngen. Es ist sogar besser nur die Hälfte zu verwenden und später nochmals zu düngen, wenn Bedenken wegen eventueller Verbrennungen bestehen.

Heutzutage gibt es eine verwirrende Fülle an fertigen Düngern und Produkten, die auf verschiedene Arten beschrieben werden. Chemische oder anorganische Dünger werden industriell hergestellt, sind im Allgemeinen billig und sind die Art von Dünger, die in der Landwirtschaft auf breiter Basis für Gemüse- und Obsterzeugung oder zum Düngen von Rasen verwendet werden. Organische Dünger stammen aus Naturprodukten und beinhalten Knochenmehl oder getrocknetes Blut. Sie sind normalerweise teurer und wirken langsamer als die chemischen Dünger, weil die Stoffe zuerst in der Erde aufgespalten werden müssen, bevor sie Nährstoffe abgeben.

Zusammengesetzte oder ausgewogene Düngemittel weisen eine Mischung aus verschiedenen Nährstoffen auf, die den

Organische Dünger

- getrocknetes Blut – eine gute, schnell wirkende Stickstoffquelle
- Huf- und Hornspäne – eine langsam wirkende Stickstoffquelle
- Fisch, Blut und Knochen – eine Mischung mit Stickstoff, Phosphor und Kalium
- Knochenmehl – eine gute Quelle für Phosphor, der langsam freigesetzt wird, ideal für den Anbau von Obstbäumen
- Hühnermist – oftmals pelletiert und eine gute Stickstoffquelle
- Seealgenmehl – reich an Spurenelementen

Pflanzen alles bieten, was sie brauchen. Einer der am häufigsten verwendeten Dünger ist ein billiger chemischer Gartendünger, den es in Gartenzentren zu kaufen gibt, und der sich weitgehend für den Gemüseanbau eignet. Einfachnährstoffdünger sind einfache Chemikalien, die nur einen oder zwei Nährstoffe bieten, beispielsweise Superphosphat oder Kaliumsulfat.

Langzeitdünger sind im Allgemeinen die „Rolls Royce" unter den Düngemitteln und haben alle erforderlichen Nährstoffe in kleinen Kapseln, die sich langsam in der Erde aufspalten und die Pflanzen über einen vorhersehbaren Zeitraum versorgen. Solche Düngemittel sind sehr nützlich, weil sie in nur einer Anwendung die Nährstoffe für eine ganze Saison bieten.

Flüssigdünger in einer löslichen Form haben den Vorteil, dass sie den Pflanzen sofort die Nährstoffe zur Verfügung stellen. Derlei Dünger können als Konzentrat oder als lösliches Pulver erworben werden. In beiden Fällen müssen sie mit der exakten Menge Wasser vor der Verwendung vermischt werden. Flüssigdünger sollten nie bei trockenen Pflanzen eingesetzt werden, weil es sonst zu Verbrennungen an den Wurzeln kommen kann. Einige Hersteller von Flüssigdünger stellen ihre eigenen Verdünner her, die an einen Schlauch angeschlossen das Düngen vereinfachen.

Viele der vorhergenannten Begriffe können auch zusammen auftreten, weil sie verschiedene Aspekte eines Düngemittels beschreiben. So können wir beispielsweise einen anorganischen Langzeitdünger vorfinden, wie es viele handelsübliche

Produkte sind, oder einen organisch ausgewogenen Dünger wie getrocknetes Blut, Fisch- und Knochenmehl – eine sehr stark riechende Mischung herkömmlicher Bestandteile.

Verwendung von Düngemitteln

Der Fertofit Gartendünger ist ein gutes Basisdüngemittel für den Gemüseanbau, der mit 75-150 g/m² vor der Aussaat oder beim Anpflanzen fast aller Gemüsesorten verwendet werden kann. Eine gute organische Alternative könnte Fisch-, Blut- oder Knochenmehl sein.

Wenn Sie Obstbäume oder Büsche während der Wintermonate anpflanzen, ist ein Dünger mit hohem Phosphatgehalt wie Knochenmehl zu verwenden, um das Wurzelwachstum anzuregen. Fertofit kann während der Sommermonate als Oberflächendünger eingesetzt werden, um ein ausgewogenes Wachstum zu begünstigen. Der Dünger ist entlang der Reihen zu streuen, wird dann leicht eingeharkt und gewässert. Feldfrüchte wie Tomaten, Zucchini oder Stangenbohnen, die über einen längeren Zeitraum Früchte tragen sollen, reagieren sehr gut auf eine regelmäßige Flüssigdüngergabe. Im Allgemeinen sollte im Herbst nicht mehr gedüngt werden, da überwinternde Gemüsepflanzen kein weiches üppiges Wachstum wollen, das durch die Kälte des Winters Schaden erleiden könnte.

Warnung
Wenn Sie mit Düngern hantieren, ist es ratsam Gummihandschuhe zu tragen. Dünger können Dermatitis hervorrufen oder die Haut stark austrocknen. Werden große Mengen Dünger verwendet, empfiehlt es sich einen Mundschutz zu tragen, um die feineren Partikel nicht einzuatmen.

Nährstoffmangel

Der Mangel oder der Überschuss an bestimmten Nährstoffen lässt Pflanzen verkümmern und veränderte Eigenschaften zeigen. Flüssige oder Blattdünger helfen am schnellsten die Mängel zu beheben. Ein Mangel an Stickstoff zeigt sich in gelbwerdenden Blättern und einem langsamen, verkrüppelten Wachstum. Gelbe Verfärbungen können auch ein Hinweis auf einen Phosphormangel sein, doch das ist höchst selten, weil die meisten Erdböden genügend Phosphor aufweisen. Kaliummangel zeigt sich in blauen, gelben oder purpurnen Flecken, vor allem an den Blatträndern, die braun werden und absterben.

Ein Eisenmangel ist bei alkalischen Böden sehr häufig und zeigt sich als gelbe Verfärbung zwischen den Blattrippen (interkostale Chlorose). Der Mangel wird mit reinem Eisendünger behoben, den es in Gartenzentren fertig zu kaufen gibt. Magnesiummangel tritt häufig bei Tomaten auf, zeigt sich ebenfalls als interkostale Chlorose und kann mit einem Flüssigdünger aus 20 g aufgelöstem Epsom- oder Bittersalz pro Liter Wasser behoben werden. Mangelerscheinungen von anderen Elementen und insbesondere Spurenelementen sind weniger häufig. Es können durch den Mangel an Molybdän seltsame Symptome bei Kohlgewächsen auftreten, wie die sogenannte Klemmherzigkeit, die sich als deformierte Blätter, die nicht mehr als eine Blattrippe sind, zeigen.

Da Spurenelemente nur in kleinsten Mengen benötigt werden, kann deren Zufuhr schwierig werden. Böden, die regelmäßig mit organischen Stoffen versorgt werden, neigen weniger zu Problemen mit Spurenelementen. Mitte der Saison gibt man am besten einen flüssigen organischen Dünger, wie flüssige Algen, die alle Spurenelemente enthalten.

Schädlinge und Krankheiten

Bedauerlicherweise leiden viele Feldfrüchte unter Schädlingen und Krankheiten. Ein Buch wie dieses versucht nur einen Teil dessen abzuhandeln, was vorkommen kann, aber oftmals gibt es Variationen dieses grundlegenden Problems. Es gibt beispielsweise verschiedene Arten von Blattläusen, wie grüne Blattlaus und schwarze Blattlaus, die verschiedene Feldfrüchte befallen. Feldfruchtspezifische Schädlinge und Krankheiten werden unter dem Eintrag der betreffenden Pflanzen genannt.

Bekämpfung von Schädlingen und Krankheiten

In den letzten Jahren wurde die Bekämpfung von Schädlingen und Krankheiten für den Amateurgärtner immer schwieriger, weil die Palette der verfügbaren Pestizide zur Behandlung von Pflanzenschädlingen stark beschränkt wurde. Das ist durchaus eine gute Sache, sowohl aus Sicherheits- als auch aus Umweltgründen, und tatsächlich mag so mancher Gärtner lieber alternative, nicht chemische Mittel gegen Schädlinge und Krankheiten einsetzen.

Umgang mit Schädlingen und Krankheiten

Die herkömmliche Methode Schädlinge oder Krankheiten zu bekämpfen ist die Verwendung eines chemischen Pestizids, das auf die Pflanzen gesprüht wird, um die Schädlinge zu töten. Die Nebenwirkungen sind eine mögliche Kontaminierung der Feldfrüchte und der Umwelt, aber auch die potentielle Vernichtung von Nützlingen, wie Marienkäfern. Der Einsatz von Pestiziden auf Obst und Gemüse wirft zudem die Frage nach den Rückständen bei der Ernte auf.

Sie sollten versuchen nur ein Minimum an Pestiziden zu verwenden und, wo immer es möglich ist, nach Alternativen suchen. Die Auswirkungen von Schädlingen und Krankheiten können durch Pflege und richtige Düngung reduziert werden, wenn die Pflanzen gesund und gegenüber Schädlingen und Krankheiten widerstandsfähig sind. Eine schwache, schlecht gedüngte Pflanze kann viel leichter befallen werden. Es gibt auch eine Reihe von Obst- und Gemüsesorten, die gegen Krankheiten resistent sind, manchmal auch gegenüber Schädlingen und den Anbau lohnen. Bestimmte Techniken wie Fruchtfolge und Begleitbepflanzung sind ebenfalls wirksam und werden mit der jeweiligen Feldfrucht zusammen in diesem Buch beschrieben.

Nützlinge

Viele Insekten und andere Lebewesen, die auf Pflanzen und in Ihrem Garten leben, sind keine Schädlinge, sondern Nützlinge. Sie sollten auf jeden Fall Freund und Feind unterscheiden können. Marienkäfer, Florfliegen, Spinnen und Tausendfüßler zählen zu den Freunden eines Gartens, die alle als natürliche Räuber schädliche Insekten vernichten. Der Marienkäfer ist wahrscheinlich das bekannteste Beispiel. Er frisst jeden Tag viele Blattläuse, um leben zu können. Bienen, die bestäuben, sind natürlich für viele Feldfrüchte maßgeblich. Größere Tiere wie Frösche, Kröten und Igel sind ebenfalls nützlich, weil sie den Schneckenbestand kontrollieren. Indem wir die Pestizide reduzieren, können wir diese Nützlinge unterstützen und auf diese Weise eine Situation schaffen, in der Schädlinge auf natürliche Weise in Schach gehalten werden.

Biologische Bekämpfung

Der Einsatz von anderen Lebewesen, die als Parasiten oder als Räuber funktionieren, setzt sich immer mehr durch und gilt als biologische Bekämpfung. Diese Lebewesen können per Post von speziellen Anbietern bezogen werden. Viele biologische Bekämpfungsmittel sind spezifisch und richten sich an nur einen Schädling, aber es ist eine neue Mischung von Nematoden verfügbar, die eine ganze Reihe von Schädlingen bekämpfen: die Möhrenfliege, die Kohlfliege, die Schnakenlarve, Erdraupen, Zwiebelfliegen, Gelbbauch-Trauermücken, Raupen, Stachelbeerblattwespen, Blasenfüßer und Apfelwickler. Je nach Schädling wird das Produkt entweder auf der Erde oder den Feldfrüchten aufgetragen. Diese Produkte sind für essbare Feldfrüchte vollkommen sicher und für Kinder, Haustiere, Flora und Fauna keine Gefahr.

Begleitbepflanzung

Bei diesem Verfahren der Schädlingsbekämpfung werden unterschiedliche Feldfrüchte zusammen angebaut. Im Allgemeinen verdeckt der Geruch der einen Pflanze die andere und hält so den Schädling ab. Dieses Verfahren ist zwar weitgehend nicht erwiesen, aber viele Gärtner wenden es bis zu einem gewissen Grad an und berichten über dauerhafte Auswirkungen. Der Anbau von Frühlingszwiebeln neben Karotten vertreibt die Karottenfliege. Kapuzinerkresse kann den Geruch von Kohlpflanzen überdecken und den Kohlweißling vertreiben. Tagetes, die in einem Gewächshaus angepflanzt werden, halten die weiße Fliege von Tomaten fern. Knoblauch soll viele Schädlinge vertreiben. Alternativ kann eine Pflanze eingesetzt werden, die einen Räuber anlockt, der den Schädling auf natürliche Weise bekämpft. Studentenblumen ziehen nützliche Schwebfliegen an, die Blattläuse fressen, so dass diese Blumen in der Nähe von Feldfrüchten wie Bohnen sich vorteilhaft auswirken, weil Bohnen sehr anfällig für Blattläuse sind. Bücher über organisches Gärtnern werden sicher jede Menge von Pflanzenpaaren vorschlagen!

Pestizide

Sollte alles fehlschlagen, können Sie immer noch chemische Pestizide verwenden, aber Sie sollten versuchen, toxische Mittel so wenig wie nur möglich einzusetzen. Dieses Buch kann nur in begrenztem Umfang Ratschläge erteilen, da sich die Verfügbarkeit von Pestiziden für Amateure laufend ändert.
Die meisten der Chemikalien, die heute in den Gartenzentren erhältlich sind, enthalten relativ geringe Mengen an Giftstoffen, und können, wenn die Anweisungen und Vorsichtsmaßnahmen befolgt werden, ziemlich sicher verwendet werden. Viele Produkte wie Pyrethrum und Derris oder einfache Stoffe wie Schmierseife basieren auf natürlich vorkommenden Inhaltsstoffen.
Pestizide werden als Kontakt- oder Rückstandmittel beschrieben. Kontaktpestizide haben eine sofortige Wirkung. Rückstandpestizide werden über die Pflanze aufgenommen und töten den Schädling, wenn er von der Pflanze frisst. Diese sind die besten für alle Schädlinge, wie Miniermotten, die in der Pflanze leben. Kontaktpestizide sind die sichersten für alle Feldfrüchte, da die giftigen Rückstände nicht so lange zurückbehalten werden. Bei allen Pestiziden ist ein Sicherheitszeitraum angeführt, der zwischen dem Sprühen und dem Ernten einer Feldfrucht zum Verzehr einzuhalten ist.

Sicherheitsmaßnahmen beim Sprühen

- Tragen Sie immer Schutzkleidung: Handschuhe, Schutzbrille und Mundschutz.
- Halten Sie Kinder und Haustiere fern, wenn Sie sprühen.
- Essen, trinken oder rauchen Sie nie während des Sprühens.
- Befolgen Sie stets die Anweisungen.
- Sprühen Sie nicht bei windigem oder heißem Wetter wegen eventueller Verbrennungen.
- Um Bienen nicht zu schädigen, sollte am besten morgens oder abends gesprüht werden.
- Überschüssige Chemikalien vor dem Entsorgen auf den nackten Boden sprühen.
- Sprühgerät nach der Benutzung auswaschen.
- Nie das gleiche Sprühgerät für Unkrautvernichtungsmittel und Pestizide verwenden.
- Kleidung nach dem Sprühen waschen.
- Vergewissern Sie sich, dass alle Chemikalien sicher und außer Reichweite von Kindern aufbewahrt werden.
- Beachten Sie bei essbaren Feldfrüchten die Wartezeit zwischen Sprühen und Ernten.

Die Schädlinge

Schädlinge sind kleine Lebewesen, die in oder auf den Pflanzen leben und sich von ihnen ernähren. Manche sind deutlich sichtbar wie Nacktschnecken und Schnecken. Andere Schädlinge einschließlich Blattlaus und mikroskopisch kleinen Schädlingen wie dem Fadenwurm leben in den Pflanzen, haben aber dennoch zerstörende Wirkung. Einige Schädlinge übertragen Krankheiten, wie die Blattlaus, die selbst verhältnismäßig harmlos ist, doch die Viren, die sie überträgt, sind sehr schwerwiegend.

Nacktschnecken und Schnecken

Sie sind wohl die am meisten gehassten Schädlinge, weil sie immensen Schaden anrichten. Nacktschnecken und Schnecken sind am aktivsten bei nassem Wetter und fressen des Nachts.

BEKÄMPFUNG – Blaues Schneckenkorn enthält Metaldehyde, die für Kinder und Haustiere hochgiftig sind. Ein neueres, auf Eisen und Phosphaten aufgebautes Produkt spaltet sich zu grundlegenden Bodennährstoffen auf. Das Schneckenkorn sparsam ausstreuen. Alternativ können grober Sand oder zerstoßene Eierschalen um die Pflanzen verteilt, Bierfallen zum Ertränken der Nacktschnecken aufgestellt werden oder sie werden nachts bei Fackelschein eingesammelt. Biologische Bekämpfung kann in Form von Fadenwürmern erfolgen.

Blattläuse

Diese umfassen die grünen, schwarzen und Wollblattläuse. Blattläuse sind kleine, oftmals geflügelte Insekten mit einer Länge von ca. 5 mm, die an der Unterseite der Blätter und um junge Triebe herum zu finden sind. Sie saugen den Saft aus der Pflanze, die dadurch geschwächt wird und deren Blätter gelb werden. Sie hinterlassen ein klebriges Exkrement, das schwarz wird und als Honigtau bezeichnet wird. Blattläuse übertragen Krankheiten.

BEKÄMPFUNG – Kontaktgift für Insekten wie Schmierseifenprodukte wirken sofort. Eine Waschung im Winter mit entsprechenden Mitteln kann die Eier bekämpfen, die auf Obstbäumen überwintern. Verschiedene biologische Bekämpfungsmittel stehen ebenfalls zur Verfügung.

Die rote Spinnmilbe

Hier handelt es sich um einen Schädling, der oftmals nicht erkannt wird, bis der Befall massiv geworden ist. Die rote Spinnmilbe kann Gartenpflanzen wie Obstbäume befallen, aber sie werden normalerweise auf Gewächshauspflanzen beobachtet, wie Gurken, Melonen und Paprika. Es handelt sich um winzige Lebewesen, die nur als eine feine, staubgleiche Schicht unter den Blättern zu erkennen sind. Aus diesem Grund werden sie oft übersehen, bis der Befall deutlich wird und die Blätter gelbe Verfärbungen zeigen, braun und brüchig werden und abfallen. Um die Pflanzenspitzen bildet sich ein feines Gespinst wie das Netz einer Spinne.

BEKÄMPFUNG – Unter Glas kann der Schädling mit Hilfe einer feuchten Atmosphäre bekämpft werden, aber bei einem bereits bestehenden Befall wird das kaum helfen. Die meisten handelsüblichen Pestizide können die rote Spinnmilbe nicht bekämpfen und es müssen spezifische Akarizide eingesetzt werden. Alternativ gibt es eine biologische Bekämpfung mit dem Räuber *Phytoseiulus*, die sehr erfolgreich ist.

Weiße Fliege

Man findet sie normalerweise auf Gewächshauspflanzen wie Tomaten und Gurken, aber auch im Freien auf Feldfrüchten wie Kohlpflanzen. Dieses Lebewesen sieht wie ein kleiner weißer Falter aus, der in großer Zahl umherfliegt, wenn er gestört wird. Weiße Fliegen saugen den Saft aus den Pflanzen und leben an der Blattunterseite. Sie hinterlassen einen klebrigen Honigtau und rußigen Schimmelpilz. Sie vermehren sich außerordentlich rasch in großer Zahl und der Schaden kann sich schnell ausbreiten.

BEKÄMPFUNG – Kontaktgifte wie Schmierseifen sind recht effektiv, da manche aus synthetischem Pyrethroid bestehen. Um diese Schädlinge loszuwerden, sprüht man häufig im Abstand von vier Tagen, wobei das Insektizid gewechselt wird. Unter Glas ist der Parasit *Encarsia* recht wirksam, vor allem bei einzelnen Feldfrüchten, wie Tomaten und Gurken. Er muss wahrscheinlich mehrmals pro Saison eingeführt werden.

Erdflöhe

Es handelt sich um winzige hüpfende Lebewesen, die Löcher in Feldfrüchte fressen, vor allem in Sämlinge der Kohlgewächsfamilie, einschließlich Radieschen und Rüben.

BEKÄMPFUNG – Eines der besten Mittel ist es, eine gelbe Leimfalle um die Beetreihen zu ziehen. Die Erdflöhe hüpfen und werden gefangen.

Miniermotten

Dieser Schädling lebt in den Blättern und hinterlässt ein typisches Muster aus sich windenden, weißlichen Tunneln, wenn er sich im Blatt fressend vorwärtsbewegt. Bei starkem Befall enden die Tunnel miteinander verbunden in großen blasenförmigen Flecken, die gelb und braun werden. Im Gemüsegarten findet man ihn auf Sellerie, Tomaten und Minze.

BEKÄMPFUNG – Die ist schwierig, weil der Schädling in der Pflanze lebt und viele Pestizide ihn nicht bekämpfen können. Wenn der Schaden noch verhältnismäßig klein ist, können die Schädlinge entweder mit dem Daumennagel zerdrückt oder die befallenen Blätter entfernt werden. Doch werden zu viele Blätter entfernt, verlangsamt sich das Wachstum der Pflanze.

Rüsselkäfer

Dieser Schädling ist bei vielen Pflanzen anzutreffen und kann mitunter mit neuen Pflanzen aus dem Gartenzentrum eingeschleppt werden. Der ausgewachsene Rüsselkäfer ist ein hässlicher grauer Käfer, der Löcher in die Blätter frisst. Er verunstaltet Pflanzen, doch verursacht er selten größeren Schaden. Die Larve der Käfer im Jugendstadium ist eine kleine weiße Raupe von bis zu 1 cm Länge und hat einen braunen Kopf. Da die Larve an den Pflanzenwurzeln lebt, kann sie größeren Schaden anrichten, so dass die Pflanzen welken und eventuell absterben. Im Freien greift sie vor allem Erdbeeren, Himbeeren und schwarze Johannisbeeren an.

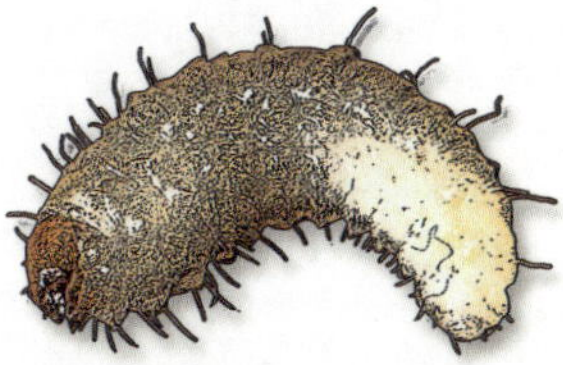

BEKÄMPFUNG – Wird der Rüsselkäfer bei Topfpflanzen vermutet, kippt man am besten die Pflanze aus dem Topf und untersucht die Wurzeln. Wenn sie befallen sind, wäscht man sie gründlich ab, entfernt die befallene Blumenerde und die Raupen. Dann wieder in frische Blumenerde einpflanzen und in einer feuchten Umgebung aufstellen, bis sich die Pflanze wieder erholt hat. Überraschenderweise erholen sich die meisten Pflanzen nach einer solchen Radikalkur. Wenn dieses Problem sich allerdings im Freiland ausgebreitet hat, hilft möglicherweise Begießen der Wurzeln mit dem chemischen Mittel Calypso oder Celaflor. Biologische Bekämpfung geschieht am besten mit dem Fadenwurm, ist aber nicht so wirksam.

Raupen

Diese kommen in allen Größen und Farben vor, oftmals getarnt, um sich in den Pflanzen, von denen sie fressen, besser verstecken zu können. Kohlweißlinge sind häufig auf Kohlpflanzen. Wickler und Frostspanner sind Schädlinge von Obstbäumen. Der Schaden tritt im Sommer auf. Viele andere können ein Problem darstellen.

BEKÄMPFUNG – Bei kleinem Befall können die Raupen von Hand abgesammelt werden, was sicher und effektiv ist. Kontaktgifte können eingesetzt werden. Eine biologische Bekämpfung, die auf der Bakterie *Bacillus* basiert, ist zur Verwendung auf Kohlpflanzen verfügbar. Winterwäschen lohnen sich, um die überwinternden Eier auf Obstbäumen zu bekämpfen. Frostspannerraupen können mit Leimbändern, die Mitte Herbst um die Stämme gewickelt werden, bekämpft werden. Diese Fallen fangen die weiblichen flügellosen Spanner ein, wenn sie vom Boden auf die Bäume zur Eiablage kriechen, aus der später die Raupen schlüpfen.

Krankheiten

Diese unterscheiden sich von den Schädlingen, weil sie von anderen Organismen wie Pilzen, Bakterien oder Viren hervorgerufen werden. Krankheiten können jedes Teil einer Pflanze befallen, einschließlich des Wurzelsystems. Mitunter sind die Auswirkungen deutlich sichtbar als Schimmel auf den Blattflächen oder als Deformation, wohingegen andere Krankheiten in der Pflanze sein können und sich nur durch den Verfall der Pflanze bemerkbar machen.

Die BEKÄMPFUNG von Krankheiten unterscheidet sich ein wenig von der der Schädlinge, weil viele Krankheiten, wie Mehltau oder Botrytis, sehr schwer auszumerzen sind, sobald sie sich auf einer Pflanze festgesetzt haben. Die Betonung liegt daher auf der Vorbeugung. Zuerst ist es angebracht die Bedingungen zu ändern, unter denen die Pflanzen wachsen, um Krankheiten fernzuhalten. Jedoch benutzen manche Gärtner präventiv ein Fungizidspray in Situationen, in denen Krankheiten wahrscheinlich sind. Das wird beispielsweise oft bei Sämlingen in Gewächshäusern angewandt, um sie davor zu schützen, an Krankheiten einzugehen. Das Besprühen oder Begießen muss wiederholt in regelmäßigen Abständen angewandt werden, um den Schutz aufrechtzuerhalten.

Mehltau

Viele Pflanzen leiden darunter, vor allem Apfel- und Birnbäume. Die Krankheit ist sofort sichtbar als weiße mehlige Ablagerung auf Blättern und manchmal Blüten oder Früchten. Seltsamerweise ist die Krankheit meist auf Pflanzen in trockenem Zustand vorherrschend, aber sie verbreitet sich von Pflanze zu Pflanze bei feuchtem Wetter und durch Wasserspritzer. Regenwetter, gefolgt von trockenem Wetter ist die ideale Kombination für den Ausbruch von Mehltau.

BEKÄMPFUNG – Anfällige Pflanzen dürfen nicht austrocknen. Bei wichtigen Feldfrüchten wird als routinemäßige Vorsichtsmaßnahme mit Fungiziden zum Schutz gesprüht. Wechseln Sie die Fungizide, um die Entwicklung einer Resistenz zu vermeiden.

Rost

Es gibt viele verschiedene Arten von Rost, der Pflanzen befallen kann. Rost tritt normalerweise auf der Unterseite der Blätter als hellorangefarbene oder braune Flecken auf, und deutet sich auf der Oberseite durch einen gelben Fleck an. Rost ist auf Gemüse nicht unbedingt üblich, kann aber bei Spargel, Tomaten und Bohnen auftreten. Eine spezielle Rostart kann Äpfel befallen.

BEKÄMPFUNG – Befallene Blätter können entfernt und verbrannt werden oder ein Fungizid wird zum Schutz aufgesprüht, wenn anfällige Pflanzen angebaut werden.

Botrytis (Grauschimmelfäule)

Dieser Pilzbefall kann bei fast jeder Pflanze auftreten, und vor allem weiche junge Pflanzen werden davon heimgesucht. Botrytis kommt auch besonders häufig bei schlechten Bedingungen vor, wie einem kühlen Gewächshaus Anfang des Jahres, wenn der Wuchs schwach ist und zu wenig Licht einfällt. Grauschimmelfäule zeigt sich als grauer flaumiger Schimmel auf Blättern, Schösslingen oder an den Wachstumsspitzen der Pflanzen. Das Gewebe unter dem Schimmel wird rasch breiig und verrottet.

BEKÄMPFUNG – Am besten vermeidet man diesen Befall durch den Anbau von starken gesunden Pflanzen. Im Gewächshaus helfen dagegen eine gute Lüftung und Luftzirkulation. Es gibt chemische Mittel wie Fenbutatinoxid, das als Akarizid in Gewächshäusern zugelassen ist und bei anfälligen Sämlingen, wie Salat, im Winter angewendet werden kann.

Armillaria

Auch als Honigpilz wegen der honigfarbenen Pilze bekannt, die eventuell auftreten. Diese verheerende Krankheit befällt Obstbäume und holzige Pflanzen sowie Obststräucher. Anfangs tritt sie als allgemeine Gelbverfärbung der Blätter auf, gefolgt vom Welken. Bald darauf beginnt die Pflanze abzusterben und große Bäume, die gesund erschienen, können innerhalb einer Saison abgestorben sein.

Die Anwesenheit dieser Krankheit kann auf zwei Arten bestätigt werden. Kratzen Sie die Rinde nahe dem Boden ab und suchen Sie nach einem weißen Schimmel, der nach Pilz riecht. Alternativ können Sie bis zum Wurzelgeflecht graben und nachsehen, ob sich dort ein schwarzes, fadenförmiges Myzel entwickelt hat. Der zweite Name dieser Krankheit ist deshalb Schnürsenkelpilz, Englisch *boot-lace fungus*. Er verbreitet sich leicht von Pflanze zu Pflanze im Erdreich, so z. B. bei Ligusterhecken, die sehr anfällig dafür sind, und bei denen Sie den Fortschritt der Krankheit beobachten können.

BEKÄMPFUNG – Zu Beginn der Krankheit sollten befallene Pflanzen ausgegraben und verbrannt werden. Sie können den Erdboden mit einem auf Schmierseifenbasis hergestellten Pflanzenschutzmittel tränken, um einer weiteren Ausbreitung zu entgegnen, vor allem wenn sich wertvolle Bäume oder Büsche in der Nähe befinden. Erde, die mit Armillaria infiziert ist, kann nur für nicht verholzte Pflanzen verwendet werden – Gemüsepflanzen sind nicht anfällig. Es ist möglich die Erde auszutauschen, aber normalerweise müssen große Flächen ausgegraben werden und es ist schwierig festzustellen, ob der ganze Pilz entfernt wurde.

Viren

Eine breite Palette an Pflanzen wird von Viruskrankheiten heimgesucht, die jedoch weniger einjährige Pflanzen wie schnell wachsende Gemüsesorten befallen, da Viren seltener durch Samen übertragen werden. Jedoch können Gurken und Tomaten von Viren angegriffen werden, die verschiedene Symptome verursachen, einschließlich Verformung der Blätter oder Blüten, Flecken, Mosaikmuster oder Streifen sowie Minderung der Frische und der Möglichkeit Früchte zu tragen. Viren töten selten Pflanzen vollständig ab, aber sie können eine Pflanze so stark verformen oder schwächen, dass sie nicht länger produktiv sein kann. Viren bei Obstanpflanzungen, wie das Ringflecken-Virus bei schwarzen Johannisbeeren sind dagegen ernst zu nehmen. Die Früchte müssen vernichtet werden und man muss von neuem beginnen.

BEKÄMPFUNG – Es ist fast unmöglich Viren zu bekämpfen. Eine Pflanze, die von Viren befallen ist, wird sie ein Leben lang nicht mehr los. Das stimmt jedoch nicht ganz, weil es ausgeklügelte Techniken gibt, mit denen Spezialisten virenfreie Bestände unter Laborbedingungen erzeugen können. Sie werden vielleicht solche virenfreien Bestände alter Lieblingspflanzen wie der Royal *Sovereign* Erdbeere zum Verkauf angeboten sehen. In Deutschland ist es Hummi's, die aus der Senga Sengana hervorgegangen ist und krankheitsresistent ist.

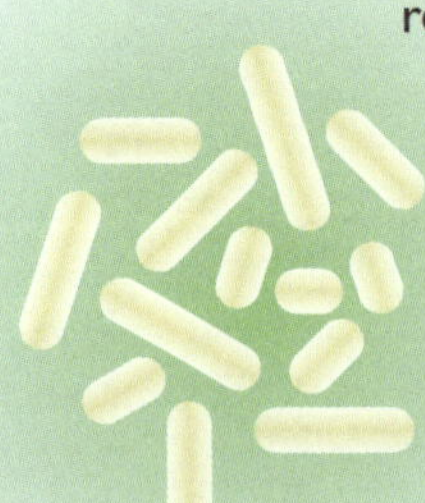

Im Allgemeinen sollten virenbefallene Pflanzen ausgegraben und vernichtet werden. Viren werden normalerweise von saugenden Insekten wie Blattläusen verbreitet, weshalb diese bekämpft werden müssen, um einer Ausbreitung vorzugbeugen. Viren können auch von Pflanze zu Pflanze durch ein Gartenmesser übertragen werden, das zum Teilen von

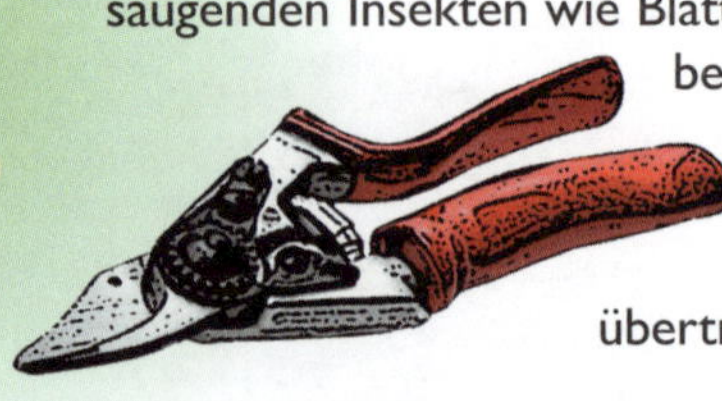

Stecklingen verwendet wird. Wenn Pflanzen durch Teilung oder durch Stecklinge vermehrt werden, sind Messer und Baumschere zwischen den einzelnen Schnitten zu sterilisieren, indem sie über eine Flamme gehalten oder mit einem Desinfektionsmittel behandelt werden. Ein Schädling, der ähnliche Symptome wie ein Virus entwickelt, ist der Fadenwurm oder Nematode. Diese mikroskopisch kleinen Würmer leben in den Blättern und verursachen deren Verformung. Sie können bei Zwiebeln, Erbsen, Bohnen, Gurken, Tomaten und Salaten auftreten und bei weichen Früchten, vor allem Erdbeeren. Für Kartoffeln stellen sie ein besonderes Problem dar, bei denen die angeschwollenen Leiber der eibeladenen Weibchen an den Wurzeln als Blasen zu sehen sind. Diese Dinge sind niemals einfach!

Anbauprobleme

Um die Sache noch komplizierter zu machen, gibt es eine Reihe von Problemen, die sich nachteilig auf Pflanzen auswirken können und für die weder Schädlinge noch Krankheiten verantwortlich sind. Wenn die Umstände, unter denen Pflanzen wachsen, nicht ideal sind, beginnen die Pflanzen zu leiden und verschiedene Symptome zu zeigen. Gärtner schieben immer die Schuld auf das Wetter! Und tatsächlich sind Pflanzen gegenüber Veränderungen der Bedingungen oder Extremen empfindlich. Hohe Temperaturen können Verbrennungen verursachen, genauso wie Frost, starker Wind oder Wasserknappheit. Zu viel Wasser lässt die Wurzeln absterben, so dass die Pflanze zu welken beginnt. Wenig Licht lässt die Pflanze kümmerlich, dürr und welk werden. Pflanzen, die in Gewächshäusern gezogen werden, sind besonders anfällig für Extreme. Wenn Pflanzen durch falsche Nährstoffzufuhr beeinflusst werden, können Mangelerscheinungen auftreten oder sie leiden unter Überschuss an Nährstoffen, was auf Seite 35 behandelt wurde.

Gemüse-anbau

Die meisten Gemüsesorten sind schnell wachsende Feldfrüchte, deren Entwicklung vom Samenpäckchen bis zur Ernte nur eine Angelegenheit von wenigen Wochen ist. Derlei Feldfrüchte sind für alle Gärtner eine Belohnung ihrer Bemühungen, aber ganz besonders für Neulinge und Kinder. Die meisten Sorten sind einfach anzubauen und nehmen es nicht übel, wenn sie nicht richtig behandelt werden. Und – das gilt für Erwachsene und Kinder gleichermaßen – es gibt nichts Besseres als Gemüse aus dem eigenen Garten zu verzehren.

Saatgut kaufen

Die meisten Gemüsesorten werden jährlich aus Samen gezogen und ein guter Katalog wird Ihnen eine verblüffende Palette an unterschiedlichen Sorten zeigen. Aber erliegen Sie nicht der Versuchung die billigsten Samen zu kaufen. Viele der besten Sorten sind F1 Hybride und aufgrund der besonderen Zucht sind sie teurer als andere. Sie sind wegen ihrer zusätzlichen Eigenschaften wie Vitalität, höhere Erträge und Krankheitsresistenz auf jeden Fall die extra Ausgabe wert.

Genauso wie natürliche Samen sind manche Gemüsesamen in besonderer Form erhältlich. Einige Samen wurden mit Fungiziden vorbehandelt, um sie gegen Krankheiten zu schützen. Andere winzige Samen, wie die von Salat, sind als Pellets erhältlich, die aus einem Samen und einer Beschichtung bestehen, damit sie größer und somit leichter zu handhaben sind. Ein Samenvertrieb bietet jetzt kleine Samenspezies an, die für eine leichtere Handhabung beschichtet und eingefärbt wurden.

Alle Samen sollten ganze zwölf Monate haltbar sein, aber manche können jahrelang aufbewahrt werden, wenn sie richtig gelagert werden. Im Allgemeinen sind größere Samen wie die von Erbsen und Bohnen am längsten haltbar, während die kleineren Samen, wie die papierartigen Pastinaken- und Karottensamen, eine kürzere Lagerungszeit haben. Wenn Sie einen Teil eines Pakets verbraucht haben, sollten Sie das Paket fest verschließen und an einem kühlen trockenen Ort aufbewahren. Das lohnt sich bei Feldfrüchten, von denen Sie nur ein paar oder nur eine kleine Reihe anpflanzen wollen. Samen von Bohnen und Erbsen, die über Jahre hinweg gelagert wurden, können beim Keimen unterstützt werden, indem sie 24 Stunden in warmem Wasser vor der Aussaat eingeweicht werden.

Preisgekrönte Pflanzen

Pflanzen, die als Award of Garden Merit gekennzeichnet sind, wurden nach dem Standard der Royal Horticultural Society ausgezeichnet, die diese Pflanze in eigenen Gärten angebaut hatte. Solche Pflanzen müssen sich durch herausragende Leistung, einfachen Anbau, Resistenz gegen Schädlinge und Krankheiten sowie einfache Verfügbarkeit auszeichnen. Da es sich jedoch um Sorten handelt, die auf dem deutschen Markt nicht ohne weiteres erhältlich sind, wurde darauf verzichtet, diese anzugeben und stattdessen die im Handel verfügbaren, in Deutschland zugelassenen Sorten genannt.

Ganz allgemein gesprochen ist es nicht ratsam die Samen der eigenen Pflanzen aufzubewahren. Gemüsesorten vermehren sich nicht wirklich und die Samen, die sie von sehr ertragreichen Feldfrüchten gewonnen haben, können sich im Jahr darauf zu mittelmäßigen Pflanzen entwickeln, was vor allem auf F1 Hybride zutrifft.

Fruchtwechsel und Planung

Fruchtwechsel ist die traditionelle Art ein Gemüsebeet oder eine Parzelle zu bewirtschaften. Ähnliche Gemüsesorten werden zusammen angepflanzt, um optimale Wachstumsbedingungen zu schaffen und um die Entstehung von Krankheiten und das Auftreten von Schädlingen zu verhindern. Die drei Hauptgruppen sind Kohlgemüse einschließlich Kohl, Blumenkohl und Rosenkohl; als zweites Wurzelgemüse wie Karotten, Pastinaken, rote Beete und Kartoffeln; und drittens Hülsenfrüchte, die ganze Palette an Bohnen und Erbsen. Sie können noch eine vierte Gruppe mit verschiedenen und zarten Gemüsen anlegen, wie beispielsweise Zucchini, Zuckermais, Sellerie und Tomaten. Das Beet wird dann in drei oder vier Bereiche unterteilt und die Gemüsegruppen wandern im Drei- oder Vierjahresrhythmus von einem Bereich zum nächsten. Die Entwicklung von Schädlingen und Krankheiten soll auf diese Weise eingedämmt werden. Sie können auch versuchen die Erde für jede Feldfrucht vorzubereiten. Erbsen und Bohnen brauchen reichlich Dünger, deshalb sollte der Boden zuvor mit Dung oder organischen Stoffen versorgt werden. Kohlgewächse brauchen einen hohen pH-Wert, deshalb sollte der Boden vor dem Anbau gekalkt werden. Wurzelgemüse verträgt keine klumpigen organischen Stoffe im Erdreich, weil sonst die Wurzeln sich nicht richtig entwickeln können, weshalb diese Gemüsesorten ein oder zwei Jahre nach Dungzugaben angepflanzt werden sollten, wenn der Dung von der Erde bereits absorbiert wurde. Salate sind nicht wählerisch und können überall dazwischen geschoben werden, wo sich eine Lücke bietet. Zwiebeln können zusammen mit Wurzelgemüse angebaut werden.

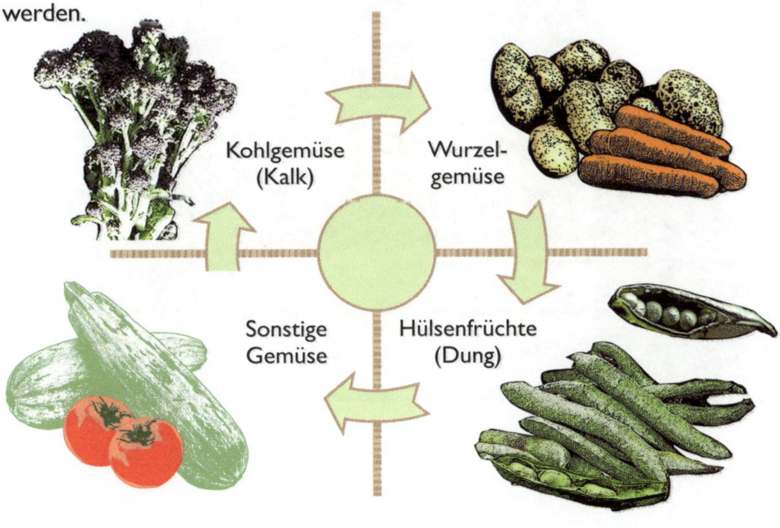

Anbau in Beeten

Die einfachste Art Gemüse anzubauen, sind Beete, die schmal genug sind, damit man sich von beiden Seiten über sie beugen kann. Verständlicherweise passen Beete besser in kleine Gärten als in sehr große Parzellen. Wenn Sie einen Lehmboden mit Sand und Kompost vermischen, wird er aufgelockert und aufgeschüttet und kann Wasser besser ableiten. Wenn Sie sich über ein Beet beugen können, bedeutet das, dass Sie nicht darauf treten und dadurch den lehmigen Boden noch fester machen. Hochbeete sollten mit Gartenvlies abgedeckt werden, wenn Frost vorhergesagt wurde.

Auf dem Markt sind verschieden teure Bausätze für Hochbeete zu finden, aber diese sind nicht unbedingt erforderlich. Die meisten Hochbeete behalten ihre Form bei, außer sie sind sehr hoch. Wenn Sie der Ordnung halber ein Hochbeet einfassen wollen, dann am besten mit recyceltem Bauholz, wie alten Gerüstbrettern oder Planken. Befindet sich darunter Erde, ist eine Tiefe von 15-30 cm ausreichend, sollten Sie jedoch Hochbeete auf Beton anlegen, sind 30 cm das Minimum, eine größere Tiefe ist jedoch zu bevorzugen. Bei Hochbeeten können Sie auch die Fruchtfolge anwenden, indem Sie kleinere Einheiten den verschiedenen Feldfruchtgruppen zuweisen.

Fruchtfolge und Mischkultur

Kontinuität ist von großer Bedeutung und Sie sollten darauf abzielen Feldfrüchte zu erzeugen, die Sie über viele Wochen immer wieder ernten können, am besten den ganzen Sommer lang. Der klassische Fehler ist, dass zu viele Früchte einer Sorte angebaut werden. Bei vielen Feldfrüchten bedeutet das, dass zu verschiedenen Zeiten ausgesät wird, so dass die Feldfrüchte zu unterschiedlichen Zeiten reif werden. Bei einigen Feldfrüchten müssen Sie auch verschiedene Reifestadien beachten, so dass Früh-, Mittel- und Spätsorten auszuwählen sind. Fruchtfolge beinhaltet die kontinuierliche Nutzung einer Fläche im Gemüsegarten. Wenn beispielsweise Frühkohl im späten Frühling geerntet wird, kann der Boden bereinigt und kultiviert werden, um eine Reihe Sellerie aufzunehmen, der im Sommer heranreift.

Mischkulturen bedeuten das Beste aus einem Stück Land herauszuholen, indem mehrere Feldfrüchte unter einen Hut gebracht werden. Zuckermais beispielsweise, der langsam wächst und nicht vor Ende des Sommers reif wird, sollte mit mindestens 45 cm Abstand gepflanzt werden. Dazwischen kann man Salat setzen, der Mitte des Sommers geerntet wird. Manchmal sind die schnell wachsenden Feldfrüchte zuerst zu setzen oder zu säen, zwischen denen man genügend Abstand für die späteren Feldfrüchte lässt. Ein zu geringer Abstand zwischen den einzelnen Pflanzen birgt das Risiko, dass eine der Feldfrüchte nicht richtig gedeiht.

Vorbereitung des Bodens und Aussaat

Bereiten Sie den Boden für den Anbau von Gemüse vor, indem Sie am besten während des Winters umgraben. Im Frühling, wenn der Boden trocken wird, ist die Oberfläche des Saatbeets mit Hilfe einer Gabel und einer Harke zu einer feinen lockeren Ackerkrume aufzubrechen. Wenn der Boden nicht fest ist, können Sie ihn in diesem Stadium festtreten, wodurch die Klumpen zerteilt und die Oberfläche leicht verfestigt wird. Wenden Sie einen allgemeinen ausgewogenen Dünger an, wie z. B. Fertofit mit 75 g/m^2, oder einen anderen organischen Dünger, bevor Sie die Fläche endgültig harken. Entfernen Sie überzählige Steine, verbliebene Klumpen und jegliches Unkraut. Die Fläche sollte fein und krümelig, aber nicht staubförmig sein. Diese Vorbereitung des Bodens gilt praktisch für alle Gemüsesorten in dieser Anleitung. Vorzugsweise ist das Saatbeet vor der Aussaat gut vorzubereiten und sollte danach leer bleiben, damit das erste Unkraut keimen und mit einer Hacke vor der Aussaat entfernt werden kann.

Die meisten Samen werden in einer Furche, die eine schmale V-förmige flache Rille ist, ausgesät. Normalerweise werden die Rillen mit einer Hacke entlang einer straff gespannten Gartenschnur gezogen. Sie finden es wahrscheinlich einfacher eine gerade Kante wie die eines Brettes zu verwenden, und die Rille mit Hilfe eines Stocks oder Bambusrohrs zu ziehen. Die Tiefe der Furche bzw. Rille ist von großer Bedeutung, da die Samen nicht tiefer liegen sollten als das Zweifache ihres Durchmessers, was bei kleinen Samen eine sehr flache Rille bedeutet, die oftmals nicht mehr als 1 cm misst.

Die Aussaat in Abständen säen, da die keimenden Pflanzen mehr Platz einnehmen. Bei Salat ist auf 30 cm auszudünnen, und bei Pastinaken auf ca. 15 cm. Sind die Samen groß genug, können Sie sie einzeln am endgültigen Standort aussäen, wobei Sie ein oder zwei Samen in die Erde legen. Wenn beide zu keimen beginnen sollten, ist später ein Sämling zu entfernen. Nach der fertigen Aussaat wird die Erde locker mit einem Rechen über der Furche oder Rille geharkt, um das Saatgut zu bedecken. Sollte der Boden trocken sein, ist er vor der Aussaat zu wässern, nach der Aussaat zu wässern ist nicht gut, weil der Boden dann zu fest und die Keimung behindert wird.

Gemüse

Kohlgemüse

Diese große Gemüsegruppe umfasst Kopfkohl, Rosenkohl und Grünkohl, die alle wegen ihrer essbaren Blätter angebaut werden, ferner Blumenkohl und Brokkoli wegen ihrer Blütenköpfe, und Kohlrüben und Rüben wegen der Wurzeln.

Frühsommerliches Kohlgemüse

Dieses umfasst eine breite Palette an schnell wachsendem Kopfkohl, Blumenkohl und Brokkoli, die ein willkommenes Frühsommerzeugnis ergeben.

AUSSAAT – Zu Frühlingsbeginn sollten sie im Glashaus ausgesät werden. Säen Sie in Aussaatboxen oder Schalen, damit Sie die kleinen Pflanzen Mitte des Frühjahrs im Freiland einsetzen können. Insbesondere Blumenkohl darf im Anfangswachstum nicht gestört werden, weshalb er am besten in 9 cm großen Töpfen gezogen werden sollte.

PFLANZEN UND PFLEGEN – Kohl wird im Abstand von 45 cm und Blumenkohl im Abstand von 60 cm gepflanzt. Wenn die Köpfe des Blumenkohls reifen, biegen oder brechen Sie die Blätter, so dass die Köpfe bedeckt sind, damit Sonnenstrahlen ihnen nichts anhaben können. Brokkoli, auch als Spargel- oder Sprossenkohl bezeichnet, kann in der gleichen Weise angebaut werden. Brokkoli kann in kürzeren Abständen von ca. 30 cm gepflanzt werden.

ERNTE – Wenn im Frühsommer die Köpfe des Blumenkohls sich vollkommen ausgedehnt haben, kann er geerntet werden. Brokkoli erzeugt einen zentralen Kopf und mehrere Seitensprosse.

EMPFOHLENE SOMMERKOHLGEMÜSE

Kopfkohl „Gunma“ (Weißkohl)
– kurze Entwicklungszeit, Kulturzeit ca. 2,5 Monate ab Pflanzung

Blumenkohl „Snow Crown F1 Hybride“
– frühe, schnellwüchsige Sorte mit sehr weißen Köpfen

Brokkoli „Purple sprouting brokkoli“
– frühe Sorte mit lila Köpfen

Winterkohlgemüse

Dazu gehören Rosenkohl, Wirsing und Winterblumenkohl, die alle langsam wachsen, aber wertvolles Gemüse während der Wintermonate liefern. Sie sind ausdauernd und winterfest und der Geschmack ist oftmals am besten, wenn der erste Frost ins Land gezogen ist.

AUSSAAT – Die Aussaat erfolgt im späten Frühling in Pflanzkästen oder einem Freilandsaatbeet. Die Setzlinge werden, wenn sie drei oder vier Blätter haben, umgesetzt.

PFLANZEN UND PFLEGEN – Pflanzen Sie im Abstand von 60 cm. Pflanzen Sie Winterkohlgemüse etwas tiefer als gewöhnlich, um den Pflanzen Halt zu geben. Halten Sie das Beet frei von Unkraut, wässern Sie in Trockenperioden und düngen Sie einmal pro Monat mit einem ausgewogenen Düngemittel als Oberflächendüngung, die in die Oberfläche eingearbeitet wird.

ERNTE – Je nach Sorte kann ab dem frühen Winter geerntet werden. Die meisten Sorten halten sich gut bei niedrigen Wintertemperaturen, weshalb Lagerung nicht wirklich ein Problem sein sollte. Kleiner Rosenkohl kann auch eingefroren werden.

EMPFOHLENE WINTERKOHLGEMÜSE

Weißkohl „Marner Lagerweiß“ – *feste, steinharte Köpfe mit dichter Blattlage*
Rotkohl „Langendijker Dauer 2“ – *Spätreifende Sorte mit festem Kopf*
Rosenkohl „Merkator“ – *Feste, mittelgroße Röschen, die eng am Strunk sitzen*
Blumenkohl „Herbstriesen 2“ – *Große feste Blumen*

Frühkohl und Sprossenbrokkoli

Frühkohl hat zwar ebenfalls ein Herz wie jeder andere Kohl auch, aber die Blätter sind lose. Sprossenbrokkoli hat einzelne Sprossen mit lila oder weißen Köpfen im Spätfrühling.

AUSSAAT – Sprossenbrokkoli wird im späten Frühjahr in Saatbeeten ausgesät, und wenn die Setzlinge etwa vier Blätter haben, werden sie an seinen endgültigen Standort umgepflanzt. Frühkohl wird im späten Sommer ausgesät und vor dem Winter umgepflanzt.

PFLANZEN UND PFLEGEN – Die Pflanzen werden in einem Abstand von ca. 60 cm gesetzt. Brokkoli-Pflanzen wachsen hoch und erfordern deshalb eine Abstützung. Im Vorfrühling sollten beide Sorten mit Stickstoff gedüngt werden.

ERNTE – Die Feldfrüchte sind im späten Frühling erntereif. Brokkoli ergibt fortlaufend mehrere Ernten während des Frühsommers.

EMPFOHLENE FRÜHKOHLSORTEN

Kohl „Premiere" – *raschwüchsige Sorte mit festen Köpfen*

Sprossenbrokkoli „Santee F1" – *feiner süßlicher Geschmack, wenig Kohlgeschmack , lilafarbene Blüten*

Sprossenbrokkoli „Sprouting Early White Eye" – *cremeweiße Blüten an langen Stielen*

SCHÄDLINGE UND KRANKHEITEN – Kohlgemüse leiden unter den Raupen des Kohlweißlings, weißen Fliegen, mehliger Kohlblattlaus und Kohlfliege. Letztere kann von der Eiablage abgehalten werden, indem um eine junge Pflanze ein kleiner Kragen gelegt wird.
Raupen können per Hand abgesammelt werden und es steht auch ein biologisches Mittel zur Verfügung. Kohlgemüse werden oftmals von Tauben angegriffen. Netze zum Schutz der Feldfrüchte können Abhilfe schaffen. Auch die Setzlinge leiden unter Erdflohattacken.

Eine Pilzkrankheit, genannt Kohlhernie, kann verheerend sein. In alten Gemüsegärten kann sie viele Jahre überdauern. Durch einen hohen pH-Wert der Erde und die Zucht starker gesunder Pflanzen in Behältern, die einen guten Vorsprung bieten, kann der Krankheit Einhalt geboten werden. Einige moderne Züchtungen haben eine ererbte Resistenz.

Leguminosen

Es handelt sich hier um die Familie der Hülsenfrüchte, die wir allgemein als Erbsen und Bohnen bezeichnen. Mitunter essen wir die ganze Frucht (Hülse) wie bei Stangenbohnen oder Zuckererbsen, während wir bei anderen, wie bei breiten Bohnen oder Erbsen, nur die Samen essen und die Hülse wegwerfen.

Mitglieder dieser Pflanzenfamilie können den Stickstoff in der Luft für sich und ihr Wachstum nutzen. Dennoch sind alle Hülsenfrüchte Starkzehrer und profitieren von einer allgemeinen Aufbereitung des Bodens mit einem ausgewogenen Düngemittel vor der Aussaat oder der Anpflanzung. Wenn Erbsen und Bohnen am Ende der Saison abgeerntet sind, empfiehlt es sich die Wurzeln einzugraben, weil der gebundene Stickstoff in der Erde für die nächste Feldfrucht verbleiben wird.

Stangenbohnen oder Prunkbohnen
Sie sind eine lohnende sommerliche Feldfrucht, vor allem weil sie über mehrere Wochen geerntet werden können. Einige Stangenbohnen sind ohne Fäden, was weniger Arbeit in der Küche bedeutet.

AUSSAAT – Stangenbohnen sind zarte Pflanzen und können keinen Frost vertragen, weshalb sie erst im späten Frühjahr ausgesät werden sollten. Die großen Samen können einzeln gesät werden, wobei jeweils zwei Samen in ein Pflanzloch im Abstand 15-20 cm gelegt werden. Verwenden Sie ein Pflanzholz oder eine kleine Pflanzschaufel, um die Samen ca. 2,5 cm tief in das Pflanzloch zu legen. Wenn beide Samen keimen, ist die schwächere Pflanze zu entfernen oder in vorhandene Zwischenräume umzupflanzen. Alternativ können sie auch in kleinen Töpfen im Gewächshaus gezogen und dann im frühen Sommer ausgepflanzt werden, sobald die Frostgefahr endgültig vorüber ist.

PFLANZEN UND PFLEGEN – Es handelt sich um Kletterpflanzen, weshalb sie abgestützt werden müssen. Bambusrohre von 2,4 m Länge können entweder als Bohnenstangenzelt oder als eine doppelt gekreuzte Reihe aufgestellt werden. Falls möglich, kann alternativ auch hohes Reisig verwendet werden, um eine dichte „Hecke" aufzubauen, an der die Bohnen hochklettern können. Es gibt auch Kunststoffnetze, die aber eine umfangreiche Abstützung aus Stangen und Draht erfordern.

Sobald der Stamm zu wachsen beginnt, sollte die Pflanze festgebunden und beim Klettern unterstützt werden. Die Pflanzen ranken dann von allein nach oben, sobald sie sich anfangs um die Hilfe gewunden haben. Stangenbohnen sind gegenüber Wasser sehr empfindlich. Wenn sie während der Blütezeit zu trocken sind, fallen die jungen Schoten ab, weshalb Stangenbohnen immer gut gewässert werden müssen. Sie sind außerdem regelmäßig mit einem Flüssigdünger zu versorgen, um Blütenstand und Fruchtentwicklung fortlaufend zu unterstützen.

ERNTE – Mitte des Sommers sind die Bohnen regelmäßig zu pflücken, wenn sie herangereift sind. Die Bohnenpflanzen werden weiterhin bis Mitte Herbst Früchte tragen, wenn sie gut gedüngt und gewässert werden. Ein Überschuss an Bohnen kann für den Winter eingefroren werden.

EMPFOHLENE BOHNENSORTEN

„Neckarkönigin" – *ohne Fäden, dickfleischig und gerade wachsend*

„Hestia" – *kleinwüchsig, früh tragend, schmackhafte fadenlose Hülsen, kann auf dem Balkon gezogen werden*

„Montecristo" – *sehr ertragreich, widerstandsfähig mit langen fleischigen Hülsen*

„Weiße Riesen" (Feuerbohne) – *spät, hochrobust, lange, flache fleischige Hülsen, am besten jung pflücken*

SCHÄDLINGE UND KRANKHEITEN – Stangenbohnen neigen dazu, von Blattläusen und Nacktschnecken heimgesucht zu werden. Es kann die Schwarzfleckenkrankheit auftreten, die sich in braunen Punkten mit gelben Rändern äußert sowie Anthraknose, die braune Flecken auf den Bohnen hervorruft. Infizierte Pflanzen sollten vernichtet werden.

Buschbohnen

Sie werden seltener angebaut als Stangenbohnen, doch sind sie, wenn sie jung gepflückt werden, wunderbar zart und voller Geschmack. Neben grünen Sorten gibt es auch solche mit lila oder gelben Hülsen.

PFLANZEN – Buschbohnen sind nicht winterhart, deshalb sollten sie erst Mitte des Frühlings ausgesät werden, was bis zum frühen Sommer fortgesetzt werden kann. Sie neigen zu einer kürzeren Ertragszeit, weshalb sich ein zwei- bis dreimaliges Aussäen lohnt, um für Fortbestand zu sorgen. Sie sollten einreihig im Abstand von 10 cm ausgesät werden, mit einem Abstand von 45 cm der Reihen zueinander. Sie können auch früher unter Glas in kleinen Töpfen gezogen werden, um dann im Frühsommer ausgepflanzt zu werden.

PFLEGE – Ein allgemeiner ausgewogener Dünger wie Fertofit sollte zu 75-150 g/m² vor der Aussaat in die Erde eingearbeitet werden, um für genügend Nährstoffe der Feldfrüchte zu sorgen. Im Allgemeinen wachsen Buschbohnen niedrig und buschig und winden nicht, auch wenn es einige kletternde Sorten gibt. Während Trockenperioden sind Buschbohnen regelmäßig zu wässern.

ERNTE – Buschbohnen tragen ab Mitte des Sommers bis zur Herbstmitte Früchte. Am besten werden die Bohnen gepflückt, wenn sie noch sehr jung sind, sonst werden sie holzig. Regelmäßiges Pflücken regt weitere Erträge an. Buschbohnen lassen sich gut einfrieren. Die Sorte „Borlotto" bringt attraktive rot-weiß gesprenkelte Hülsen hervor, die bis zur Reife an der Pflanze bleiben können. Die Bohnen können für eine Verwendung im Winter getrocknet werden.

EMPFOHLENE BUSCHBOHNEN

„Purple King" – *violettblaue frühreife Buschbohne mit runden fleischigen Hülsen*
„Borlotto rosso" – *rotgesprenkelte Buschbohne, spät reifend, kann getrocknet gekocht werden*
„Valdor" – *frühe Sorte mit goldgelben fadenlosen Hülsen*
„Calima" – *frühe, langhülsige Filetbohne mit dunkelbraun marmorierten Kernen*
„Maja" – *frühe Pflückreife und hohe Erträge*

SCHÄDLINGE UND KRANKHEITEN – Im Grunde genommen sind Buschbohnen pflegeleicht, sie werden nur von Nacktschnecken und Blattläusen heimgesucht.

Dicke Bohnen oder Saubohnen
Eine sehr nützliche winterharte Feldfrucht, die im späten Frühling geerntet werden kann.

AUSSAAT – Die Bohnen sind Mitte Herbst oder im Vorfrühling auszusäen. Sie werden normalerweise zweireihig im Abstand von je 20 cm ausgesät. Mehrere Reihen können von der nächstliegenden im Abstand von 60 cm angelegt werden. Die Samen werden für gewöhnlich direkt ins Beet 5 cm tief gesät. Sie können aber auch in kleinen Töpfen oder Pflanzschalen vorgezogen und dann ausgepflanzt werden.

PFLANZEN UND PFLEGEN – Die Bohnenpflanzen brauchen normalerweise keine Stütze, aber als Vorsichtsmaßnahme sollten um die Zweierreihen Schnüre zwischen eng gesteckten Pfosten gezogen werden. Während der Blütezeit und der Fruchtbildung sind die Pflanzen zu wässern, wenn das Wetter trocken ist. Sobald sich die ersten Hülsen zeigen, entfernen Sie die Pflanzenspitzen, damit sich die Energie der Pflanzen auf die Bohnen konzentriert. Diese Maßnahme hilft auch gegen die schwarze Bohnenblattlaus, die von den zarten Spitzen angelockt wird.

ERNTE – Wenn Sie im Herbst aussäen, ergibt das die erste Ernte im späten Frühjahr. Aussaat im Frühling ergibt eine Ernte im Frühsommer. Ernten Sie, sobald die Hülsen zu schwellen beginnen.

EMPFOHLENE DICKE BOHNEN
„Dreifach Weiße“ – *zarte Delikatessbohne, mittelfrüh bis mittelspät zu ernten*
„Hangdown Grünkernig“ – *mit mittelgroßem grünem Korn, ertragreich*
„Perla“ – *feinkörnige Delikatessbohne mit rundlichen Körnern in tiefgrüner Farbe*
„Piccola“ – *hochtolerant gegen Braunfleckenkrankheit, bis zu 5 Körner pro Hülse*

SCHÄDLINGE UND KRANKHEITEN – Die schwarze Bohnenblattlaus ist ein ernstzunehmender Schädling, der den Ertrag dezimieren kann. Um sie wirkungsvoll zu bekämpfen ist es ratsam, rechtzeitig zu sprühen.

Erbsen

Auch wenn tiefgefrorene Erbsen eine einfache Art der Beschaffung eines Gemüses bieten, das schwer anzubauen ist, ist doch nichts mit frisch gepflückten Erbsen zu vergleichen. Erbsen sind nichtsdestotrotz ein anspruchsvolles Gemüse, das eine Menge Platz für einen relativ geringen Ertrag beansprucht, doch lohnt es sich zumindest Erbsen einmal selbst anzubauen.

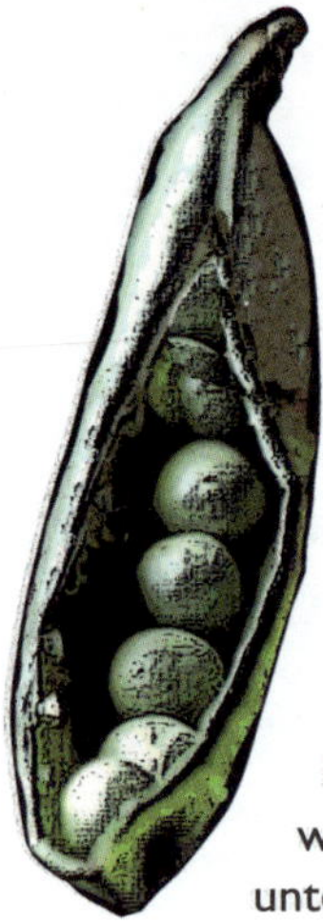

Neben den bekannten Gartenerbsen gibt es auch Zuckererbsen oder Mangetout, die komplett mit der Hülse verzehrt werden.

Mangetout oder auch Zuckerschoten genannt, werden gegessen, wenn die Hülse noch flach ist, wohingegen Zuckererbsen verzehrt werden, wenn die Kerne zu schwellen begonnen haben. Daneben gibt es noch die Petits Pois, die winzige, sehr süße Erbsen hervorbringen, die geschält, gekocht und wie normale Erbsen verzehrt werden.

Erbsen sind im Allgemeinen winterhart, auch wenn einige Sorten widerstandsfähiger sind. Erbsen werden in Mark- oder Palerbsen unterschieden, wobei die Markerbse ein geschrumpftes und die Palerbse ein glattes Korn aufweist. Die rundkörnigen Sorten sind am widerstandsfähigsten und können als erste geerntet werden. Die geschrumpften Sorten sind größer, süßer und ertragreicher, auch wenn sie weniger winterhart sind und deshalb später ausgesät werden müssen. Erbsen werden auch in frühe oder späte Sorten unterschieden. Aufgrund der großen Vielfalt können Sie Erbsen vom Spätfrühling bis Mitte Herbst ernten.

AUSSAAT – Im Allgemeinen erfolgt die erste Aussaat im Vorfrühling, es ist aber auch möglich im Spätherbst an geschützten Stellen Erbsen auszusäen. Für die frühe Aussaat bieten sich die Rundkornsorten an, später folgen die geschrumpften Kornsorten, so dass eine Aussaat vom Vorfrühling bis zum Frühsommer oder Mitte des Sommers möglich ist. Erbsen werden in flachen, etwa 15 cm breiten Rillen ausgesät. Die einzelnen Erbsen werden darin verteilt oder in einem Abstand von ca. 7,5 cm ausgesät. Zwischen den einzelnen Reihen sollte der Abstand der zu erwartenden Pflanzenhöhe entsprechen.

PFLANZEN UND PFLEGEN – Erbsen sind Kletterpflanzen, die eine Kletterhilfe benötigen, die aus kurzem Reisig oder Netzen besteht, die zwischen Holzpfosten gespannt werden. Diese Kletterhilfen sind anzubringen, sobald die ersten Keimlinge erscheinen. In Trockenperioden sind die Pflanzen gut zu wässern, vor allem, wenn die Hülsen zu schwellen beginnen. Bei Austrocknung wird sich kein Ertrag bilden und der Befall mit Mehltau ist zu befürchten.

ERNTE – Erbsen bilden eine Haupternte und nur wenige gesunde Pflanzen tragen später noch einmal einige Hülsen.

EMPFOHLENE FRÜHSORTEN – Aussaat Mitte Herbst oder im Vorfrühling
Schalerbse „Kleine Rheinländerin" – *niedrig wachsend, benötigt keine Kletterhilfe, Hülsen mit bis zu 10 Körnern*
Schalerbse „Überreich" – *mittelfrühe Sorte mit reichem Ertrag*
EMPFOHLENE HAUPTKULTUREN – Aussaat im Vorfrühling bis zum Frühsommer
Markerbse „Aldertman" – *wächst bis zu 2 m hoch und ist leicht zu ernten*
Markerbse „Gloriosa" – *verträgt auch weniger günstige Bedingungen, mit großem Grünkorn*
WEITERE ZU EMPFEHLENDE SORTEN
Zuckererbse „Ambrosia" – *frühe, sehr ertragreiche, resistente Sorte*
Zuckererbse „Schweizer Riesen" – *mittelspäte Sorte mit langen mittelgrünen Hülsen*
Zuckererbse „Calibra" – *halbhohe Pflanze mit vielen Schoten, jung zu ernten*

SCHÄDLINGE UND KRANKHEITEN – Frisch gesäte Erbsen sind für Vögel und Mäuse sehr verlockend. Schützen Sie die jungen Pflanzen mit schwarzem Baumwollstoff, der über kurzen Rohren straff gespannt wird oder mit einem Drahtgeflecht. Der häufigste Schädling ist der Erbsenwickler, der madige Erbsen verursacht. Wenn sieben bis zehn Tage nach der Blüte mit einem geeigneten Pestizid gesprüht wird, kann Abhilfe geschaffen werden. Mehltau kann ebenfalls vorkommen, wenn die Feldfrucht zu trocken wird. Silbrige Flecken auf den Hülsen können von Thripsen stammen. Der Rüsselkäfer frisst aus den Blättern von Erbsen und Bohnen kleine Löcher. Ältere Pflanzen tragen keinen ernsthaften Schaden davon, aber tritt er zur Zeit des Keimens auf, kann er verheerend sein. Mitunter können Keimlinge auch verkümmern und welken. Fruchtwechsel schafft hier Abhilfe.

Wurzelgemüse

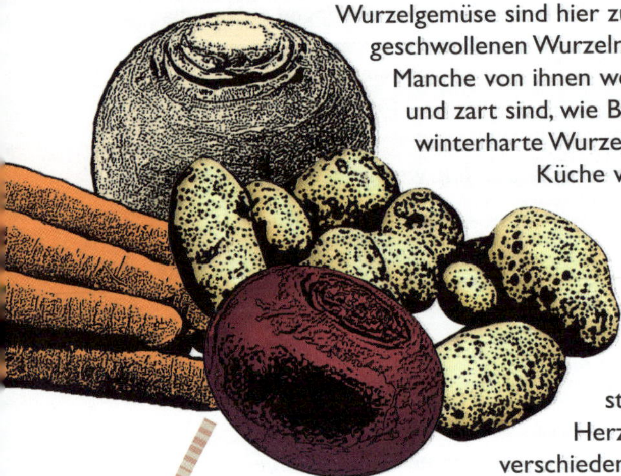

Wurzelgemüse sind hier zusammengefasst, weil wir von allen die geschwollenen Wurzeln verzehren und sich ihr Anbau ähnelt. Manche von ihnen werden verzehrt, wenn sie noch jung und zart sind, wie Babykarotten, während andere reife winterharte Wurzeln liefern, die den ganzen Winter die Küche versorgen.

Karotten/Möhren

Dieses bekannte Gemüse kann fast das ganze Jahr über geerntet werden. Die meisten Karotten sind lang und schlank, während andere kurz und stumpf sind, wie die „Rote stumpfe ohne Herz". In den vergangenen Jahren wurden verschiedene wohlschmeckende Neuheiten gezüchtet, die gelb, weiß, weinrot oder purpurn sind.

AUSSAAT – Karotten können ab dem Vorfrühling bis zum Frühsommer ausgesät werden, um vom Frühsommer bis zum Winter geerntet zu werden. Karotten müssen im Allgemeinen direkt in die Erde gesät werden, in der sie heranwachsen, weil sie ein Umpflanzen nicht vertragen. Säen Sie in flachen, 1 cm tiefen Rillen mit 15 cm Abstand aus. Säen Sie nicht zu dicht, damit Sie später nicht ausdünnen müssen und sonst die Möhrenfliege angelockt wird.

PFLANZEN UND PFLEGEN – Karotten gedeihen am besten in lockerem, sandigem, aber feuchtigkeitsspeicherndem Boden. Sie lieben organische Stoffe, doch Klumpen oder Steine verursachen Verformungen und Verzweigungen an den Wurzeln. Sie sind keine Starkzehrer, aber vor der Aussaat empfiehlt sich eine normale Düngung, die in den Boden eingearbeitet wird. Wenn die jungen Karotten noch sehr klein und zart sind, können sie früh geerntet werden, ohne dass ausgedünnt wurde. Wünschen Sie jedoch größere Karotten oder solche, die für den Winter reifen sollen, ist es ratsam die Karotten auszudünnen, so dass sie 5-7,5 cm voneinander getrennt sind. Danach ist zu wässern, damit das Gleichgewicht wiederhergestellt wird. Damit die Wurzeln zart und saftig bleiben, sind sie regelmäßig bei trockenem Wetter zu wässern.

ERNTE – Junge Karotten können zum sofortigen Verbrauch den ganzen Sommer über geerntet werden. Reife Karotten können vor dem Winter geerntet und in einer herkömmlichen Miete gelagert werden oder die Reihen werden mit Stroh zugedeckt.

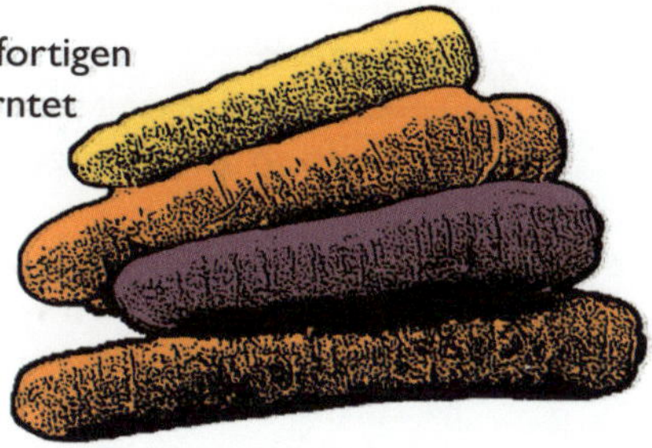

EMPFOHLENE KAROTTEN

Möhren „Nantaise" – *mittelfrühe ergiebige stumpfe Sorte*

„Frühester Marktgärtnertyp" – *raschwüchsige schmackhafte Sorte*

„Mix Colors" – *unterschiedliche Farben wie Gelb, Weiß, Purpur*

„Rotin" – *mittelfrühe, glattschalige Möhre mit hohem Karotingehalt*

„Purple Haze F1" – *gegen die Möhrenfliege resistente, lagerfähige Möhre, die vielseitig verwendet werden kann und außen purpurfarben, innen orange ist*

„Pariser Markt 5" – *frühreifende kugelförmige Möhre mit süßem Geschmack*

SCHÄDLINGE UND KRANKHEITEN – Die Möhrenfliege, die ein ernstes Problem darstellt, kann den ganzen Ertrag zunichtemachen. Die erwachsene Möhrenfliege legt an der Basis der Karottenpflanze ihre Eier ab. Die jungen Maden ernähren sich von den Karottenwurzeln. Junge Setzlinge können komplett vernichtet werden. Ältere Pflanzen zeigen eine rötliche Verfärbung des Laubs, die Wurzeln sind von Tunneln durchzogen und haben schwarze faulige Stellen.

Derzeit gibt es keine verlässlichen Chemikalien, um diesen Schädling zu bekämpfen, doch stehen mehrere alternative Bekämpfungen zur Verfügung. Die erwachsene Möhrenfliege wird vom Duft der Karotten angelockt, der mit Hilfe von Zwiebeln, die zwischen die Karotten gepflanzt werden, überdeckt werden kann. Bereits bei der Aussaat können Frühlingszwiebel- und Karottensamen vermischt ausgesät werden. Hilfreich ist auch, die Pflanzen möglichst in dem Abstand zu säen, den sie später auch einnehmen sollen, weil Ausdünnen für die Pflanzen störend ist. Wenn die Hauptfruchtsorten erst im Juni ausgesät werden, kann dies ebenfalls hilfreich sein, weil die Hauptsaison für die Möhrenfliege bereits überschritten wurde. Die Pflanzreihen mit einem Gartenvlies zu bedecken, kann ebenfalls helfen. Schließlich können die Pflanzen noch mit durchsichtigem, mindestens 60 cm hohem Kunststoff umgeben werden, was die Fliegen abhält, weil die Weibchen sehr tief fliegen. Einige Sorten sind weniger anfällig, aber nicht wirklich vollkommen resistent.

Pastinaken
Dieses geschmacksintensive Wurzelgemüse ist leicht anzubauen und wird entweder geliebt oder geächtet. Auf jeden Fall ist es ein winterhartes, wertvolles Gemüse.

AUSSAAT – Pastinaken wachsen langsam, weshalb sie im Vorfrühling bereits dünn in Reihen von 30 cm ausgesät werden sollten.

PFLANZEN UND PFLEGEN – Pastinaken brauchen nur wenig Dünger, aber vor der Aussaat sollte der Boden mit einem normalen Dünger vorbereitet werden. Die Setzlinge sind 15 cm voneinander entfernt zu pflanzen. Ansonsten brauchen Pastinaken wenig Pflege, abgesehen vom Unkraut jäten und gutem Wässern.

ERNTE – Pastinaken können im Herbst geerntet werden, doch es heißt, dass sie nach dem ersten Frost besonders schmackhaft sind. Sie sind vollkommen winterhart und können auch im Winter ausgegraben werden.

EMPFOHLENE PASTINAKEN
„Halblange weiße" – *winterhart, würzig-süßlicher Geschmack, festes Fruchtfleisch*
„Halblanger" – *frosthart und kaum schädlingsanfällig*

SCHÄDLINGE UND KRANKHEITEN – Sie sind relativ frei von Schädlingen und Krankheiten, auch wenn sie gelegentlich von Krebs, Möhrenfliege oder Salatwurzellaus befallen werden. Um Krebs zu vermeiden, sollten sie nicht zu früh gesät werden, gut gewässert sein und am besten sind resistente Sorten zu wählen.

Steckrüben und Rüben

Steckrüben sind ein weiteres traditionelles Wintergemüse und eignen sich gut für Eintöpfe und Braten. Sie werden wie Pastinaken angebaut, aber später ausgesät, um im Spätherbst oder Winter geerntet zu werden. Rüben, ein einfaches Gemüse, werden oft verachtet. Wenn sie noch jung geerntet und sorgfältig zubereitet werden, kann der Geschmack hervorragend sein. Wenn sie alt und reif sind, ist der Geschmack stärker und sie müssen für Eintöpfe oder ähnliche Gerichte verwendet werden. Es gibt verschiedene Sorten, von weißer Schale bis goldfarben und pink. Zwar sind Steckrüben und Rüben Wurzelgemüse, doch werden sie am besten mit Kohlgemüse angebaut, weil sie unter den gleichen Schädlingen und Krankheiten leiden.

AUSSAAT – Ab dem Vorfrühling bis zum Frühsommer werden sie dünn in 30 cm auseinanderliegenden Reihen von 1 cm Tiefe ausgesät. Nachfolgende Aussaat kann erfolgen, doch einige Sorten schossen bei heißem Wetter.

PFLANZEN UND PFLEGEN – Dünnen Sie die Keimlinge aus (Abstand ca. 10 cm), halten Sie das Beet von Unkraut frei und wässern Sie gut.

ERNTE – Sie können ab dem späten Frühjahr bis zum Herbst geerntet werden. Reife Wurzeln können in einer herkömmlichen Miete gelagert werden.

EMPFOHLENE RÜBEN

„Primera“ – *zarte, wie Kohlrabi schmeckende Mairübchen*

„Market Express“ – *weiße Rüben für die Ganzjahreskultur*

Mairübe „Navet Declic F1“ – *zartes Feingemüse, das roh oder gekocht verzehrt werden kann*

EMPFOHLENE STECKRÜBEN

„Best of All“ – *mittelgroße Sorte mit lila Außenhaut und mildem, gelbem Fleisch. Gut zu lagern.*

„Helenor“ – *große winterharte Knolle mit lila Kopf.*

SCHÄDLINGE UND KRANKHEITEN – Sie sind relativ frei von Schädlingen und Krankheiten, auch wenn die Setzlinge von Erdflöhen und Kohlhernie befallen sein können.

Rote Beete

Die meisten von uns kennen dieses leuchtendrote Gemüse, das häufig in Salaten serviert wird. Doch die wenigsten kennen die einfach anzubauende und sehr köstliche Zuckerrübe. Wenn sie gebacken und mit Butter serviert wird, läuft einem das Wasser im Munde zusammen.

AUSSAAT – Rote Beete ist etwas empfindlich und sollte daher nicht vor Mitte des Frühjahrs bis zum Frühsommer ausgesät werden. Sie wird dünn in 30 cm voneinander getrennten Reihen von 2,5 cm Tiefe gesät. Sie ist zwar ein Wurzelgemüse, kann jedoch, bevor sie im jungen Stadium ausgepflanzt wird, auch in Pflanzkästen gezogen werden.

PFLANZEN UND PFLEGEN – Die Setzlinge sind im Abstand von 10 cm zu pflanzen. Die Anpflanzung ist bei trockenem Wetter zu wässern und muss von Unkraut freigehalten werden.

ERNTE – Ab der Größe eines Golfballs kann sie ab Mitte des Sommers bis zum frühen Herbst geerntet werden. Frisch oder in Essig eingelegt im Winter zu verwenden.

EMPFOHLENE ROTE BEETE

„Pablo rund" – *kugelrunde Rüben mit hohem Mineralien- und Vitamingehalt, besonders saftreich*

„Rote Kugel 2" – *gleichmäßig runde Rübe mit glatter Haut und dunkelrotem Fleisch*

„Rocket lang" – *zylindrische Form, dadurch wenig Abfall, tief dunkelrotes Fleisch, sehr saftreich*

SCHÄDLINGE UND KRANKHEITEN – Rote Beete ist im Allgemeinen frei von den normalen Schädlingen und Krankheiten. Gelegentlich kann die Rübenfliege Schaden durch Minierfraß in den Blättern anrichten. Die schwarze Blattlaus kann Probleme bereiten. Rote Beete reagiert empfindlich auf Mangel an Spurenelementen, was zu Blattdeformationen führen kann.

Kartoffeln

Über dieses Gemüse muss nicht viel gesagt werden. Kartoffeln beanspruchen wirklich viel Platz, so dass sie nur dann angebaut werden sollten, wenn ein großer Garten oder ein Kleingarten zur Verfügung steht. Jedoch haben frisch geerntete junge Kartoffeln einen so köstlichen unvergleichlichen Geschmack, der meist verlorengegangen ist, wenn man sie im Laden kauft. Aus diesem Grund lohnt es sich wenigstens ein paar Frühkartoffeln anzubauen. Aber vergessen Sie nicht Minze dazu zu pflanzen. Kaufen Sie immer gute Saatkartoffeln, weil diese ohne Viren sind. Zu Hause gelagerte Kartoffeln könnten voller Schädlinge und Krankheiten sein, weshalb sie nicht angebaut werden sollten.

VORZUCHT UND PFLANZUNG – Die Kartoffel ist eine Knolle und die Pflanze, die daraus wächst, ist empfindlich und zart, weshalb sie Frost nicht ausgesetzt werden darf. Im Vorfrühling werden die Saatkartoffeln mit den Augen (Knospen) nach oben in eine Schale oder einen Eierkarton gelegt und an einem hellen frostfreien Ort zum Keimen aufgestellt. Dieser Vorgang ist entscheidend für eine frühe Ernte und für die spätere Haupternte zu bevorzugen. Schon bald werden sich dunkelgrüne Triebe zeigen.

PFLANZEN UND PFLEGEN – Der Boden muss für Kartoffeln gut vorbereitet sein und eine Menge organischer Stoffe enthalten. Ein ausgewogener Dünger sollte in den Boden eingearbeitet werden. Frühkartoffeln werden in 60 cm voneinander getrennten Reihen im Abstand von 30 cm gesetzt. Die Pflanztiefe sollte 12,5 cm betragen, am besten werden sie mit Hilfe einer Pflanzschaufel einzeln gepflanzt. Achten Sie darauf keine Triebe zu entfernen, weil diese für eine kräftige Pflanze und einen guten Ertrag ausschlaggebend sind. Ab Mitte des Frühlings können die Kartoffeln gepflanzt werden.

Die neuen Triebe könnten noch bevor die Frostgefahr vorüber ist aus der Erde sprießen. Dann sollten Sie die Kartoffeln anhäufeln, indem Sie ein wenig Erde über die Triebe zum Schutz ziehen. Sie können bei Vorhersage von unerwartetem Frost auch einen Plastikblumentopf als Schutz über Nacht über jede einzelne Pflanze stülpen, um Schäden zu verhindern.

Wenn die Pflanzen stark zu wachsen beginnen und eine Höhe von 25 cm erreicht haben, ist es an der Zeit sie richtig mit Erde zu bedecken. Lockern Sie die Erde zwischen den einzelnen Reihen leicht mit einer Hacke auf und ziehen Sie mit der Hacke die Erde über jede Reihe bis allmählich ein Wall von ca. 15 cm entstanden ist. In diesem Stadium empfiehlt sich eine weitere Düngergabe. Die neuen Knollen bilden sich nahe der Oberfläche und indem sie mit Erde bedeckt werden, wird verhindert, dass sie dem Licht ausgesetzt sind, was zu einer Grünfärbung führen würde. Kartoffeln sollten während des Wachstums gut gewässert werden.

ERNTE – Junge Kartoffeln können geerntet werden, sobald sich die ersten Blüten an der Pflanze öffnen. Schieben Sie vorsichtig eine Gabel an einer Seite der Reihe in die Erde und heben damit die Knollen hoch, während Sie gleichzeitig die Pflanze nach oben ziehen. Die meisten Kartoffeln werden noch an der Pflanze hängen, aber das Erdreich sollte vorsichtig nach weiteren losen Kartoffeln mit der Gabel abgesucht werden. Die Kartoffeln sollten die Größe eines Hühnereis haben.

Die Haupternte findet am Ende der Saison statt, wenn das Kartoffelkraut gelb wird und abstirbt. Graben Sie in der gleichen Weise wie zuvor. Lagerkartoffeln können den Winter über eingelagert werden. Nach dem Graben werden die Kartoffeln sorgfältig gewaschen und getrocknet und danach an einem dunklen, kühlen, frostfreien Ort in Papiersäcken gelagert, die es den Kartoffeln ermöglichen zu atmen.

EMPFOHLENE FRÜHKARTOFFELN

„Acapella“ – *erstklassige Pflanzkartoffel mit hohem Ertrag, vorwiegend festkochend*

„Angela“ – *sehr frühe, gelbfleischige, überwiegend festkochende Kartoffel mit zarter Schale*

EMPFOHLENE MITTELFRÜHE SORTEN

„Afra“ – *rund ovale Knollen mit rauer Schale, mehliger Geschmack, mehlig kochend*

„Hansa“ – *längliche mittelgroße Knolle mit gelbem Fleisch, feinem Geschmack, festkochend*

EMPFOHLENE MITTEL- BIS SPÄTSORTEN

„Schwarzblaue aus dem Frankenwald“ – *blaue Schalenfarbe mit cremefarbenem Fleisch, vorwiegend festkochend*

„Désirée“ – *rotschalige, leicht mehlige Kartoffel mit besten Lagereigenschaften*

EMPFOHLENE SALATKARTOFFELN

„Ditta“ – *hochwertige Salatkartoffel, die auch nach dem Kochen fest bleibt*

„Nicola“ – *Delikatess-Sorte mit feinem Geschmack*

SCHÄDLINGE UND KRANKHEITEN – Kartoffeln leiden unter einer Vielzahl von Schädlingen und Krankheiten. Viele alte Kleingärten oder Gemüsegärten können mit Nematoden, die im Boden leben, verseucht sein. Das Wachstum verkümmert und der Ertrag wird verringert. Man sollte immer gute zertifizierte Saatkartoffeln kaufen, die vom Bundessortenamt für den Privatanbau zugelassen sind, damit keine Krankheiten eingeschleppt werden können. Nacktschnecken werden prinzipiell von Kartoffeln angelockt und können die ganze Ernte unbrauchbar machen. Sie sind bei nassem Wetter und schweren Böden besonders schlimm. Wenden Sie Mitte des Sommers Bekämpfungsmaßnahmen an und ernten Sie den Hauptertrag möglichst früh im Herbst.

Kartoffelfäule

Sie stellt ein großes Problem dar, und hinterlässt auf den Blättern braune Flecken mit einem schimmeligen Rand. In feuchter Umgebung verbreitet sie sich rasch und kann den gesamten Ertrag vernichten. Mitte des Sommers lohnt es sich deshalb vorbeugend ein Spray mit einem Kupferfungizid anzuwenden, wie die Bordeauxbrühe. Da die Fäule vor allem im Spätsommer auftritt, ist es besser nur rasch wachsende Früh- und mittelfrühe Kartoffeln anzubauen als Lagerkartoffeln. Diese werden noch vor Auftreten der Fäule geerntet. Ein paar neue Sorten wie „Sarpo Mira“ sind gegen die Kartoffelkrautfäule resistent.

Zwiebelgemüse

Die Familie der Zwiebelgemüse umfasst einige wertvolle und geschmacksstarke Gemüse. Es gibt neben Zwiebeln und Lauch weiterhin Salatzwiebeln, Knoblauch, Schalotten und Perlzwiebeln. Abgesehen von Knoblauch brauchen alle einen warmen Sommer und sind ansonsten leicht anzubauen.

Zwiebeln
Am meisten wird die Speisezwiebel verwendet, die es als rote und weiße gibt. Zwiebeln können aus Samen oder kleinen unreifen Knollen, genannt Steckzwiebeln gezogen werden. Schalotten können als kleine Knollen angepflanzt werden und ergeben ein Bündel mildaromatischer kleiner Knollen. Die japanische Zwiebel wird im Spätsommer ausgesät und im nächsten Frühsommer geerntet.

PFLANZEN UND PFLEGEN VON STECKZWIEBELN – Steckzwiebeln werden im Vorfrühling in 25 cm voneinander entfernten Reihen im Abstand von 10 cm gepflanzt. Vögel ziehen sie gerne an den kleinen grünen Büscheln heraus, weshalb diese kurz vor dem Anpflanzen gestutzt werden sollten. Am besten verwenden Sie eine Pflanzschaufel oder ein Pflanzholz und lassen die Oberseite der Zwiebel ein wenig aus der Erde schauen. Schalotten werden auf ähnliche Weise gepflanzt.

AUSSAAT – Zwiebeln aus Samen zu ziehen ist ein wenig schwieriger. Bereiten Sie eine feine Ackerkrume vor und säen Sie die Samen in Rillen von 1 cm Tiefe im Abstand wie bei den Steckzwiebeln. Samen können auch schon früh in einem Gewächshaus ausgesät werden, in kleinen Pflanzschalen gezogen und dann Mitte des Frühlings ausgepflanzt werden.

PFLANZEN UND PFLEGEN – Zwiebeln lieben einen reichen, durchlässigen Boden, dem zur Vorbereitung eine reichliche Menge an organischen Stoffen untergegraben wurde. Die Setzlinge sind auf 10 cm Abstand auszudünnen, wenn sie ungefähr 5 cm hoch sind. Zwiebelbeete sind von Unkraut frei zu halten und gut zu wässern. Wenn an den Pflanzen Blüten erscheinen, sind diese zu entfernen.

ERNTE – Zwiebeln und Schalotten werden geerntet, wenn das Zwiebelgrün anfängt gelb zu werden und abkippt, was Mitte des Sommers bis zum Spätsommer der Fall ist. Durch Abknicken des oberen Teils, genau über der Knolle, kann der Vorgang beschleunigt werden. Wenn das Grün vollkommen verwelkt ist, werden die Knollen vorsichtig gelockert und mit einer Gabel herausgehoben. Die Knollen sollten an einer trockenen, luftigen Stelle ausgelegt werden, um noch zwei bis drei Wochen weiter zu reifen. Sie können dann in einem kühlen frostfreien Schuppen fast den ganzen Winter über gelagert werden. Während der Lagermonate sind die Feldfrüchte zu überprüfen und alles Verfaulte wegzuwerfen.

Knoblauch

Knoblauch kann mit Hilfe einzelner Zehen angebaut werden, ähnlich wie bei Steckzwiebeln. Er sollte im Herbst angebaut werden, weil er eine lange Wachstumsphase hat.

EMPFOHLENE ZWIEBELN AUS STECKZWIEBELN

„Sturon“ – *knackiges Fleisch, gut lagerfähig*

„Karmen“ – *rote Sorte, bis Weihnachten lagerfähig, Ernte ab Ende Juli*

EMPFOHLENE ZWIEBELN AUS SAMEN

Perlzwiebel „Weiße Königin“ – *kleine wohlschmeckende weiße Zwiebeln, zum Einmachen geeignet*

„Stuttgarter Riesen“ – *plattrunde, gelbe Zwiebel mit sehr gutem Ertrag und bester Lagerfähigkeit*

EMPFOHLENE SCHALOTTEN

„Red Sun“ – *rote, herzhafte Sorte mit bis zu 8 Brutzwiebeln*

„Rote Pflanzschalotte Biztro“ – *runde rotschalige Sorte mit leicht rötlichem Fleisch und kräftigem Aroma*

SCHÄDLINGE UND KRANKHEITEN – Zwiebeln leiden unter der Zwiebelfliege, die gelbe, herabhängende Blätter verursacht. Die Wurzeln und Knollen werden von Maden befallen. Steckzwiebeln sind diesem Schaden weniger ausgesetzt. Der Fadenwurm verursacht ein verdrehtes, verformtes Wachstum, gegen den es kein Heilmittel gibt. Weißfäule lässt die Knollen in der Erde verfaulen. Treten diese Probleme auf, vernichten Sie alle infizierten Pflanzen und beginnen den Anbau auf frischem Boden. Fruchtwechsel ist sehr wichtig, um diese Probleme zu vermeiden.

Lauchsorten

Sie gehören ebenfalls zur Familie der Zwiebelgemüse, werden aber wegen ihrer weißen langen Schäfte angebaut, die durch Anhäufeln der Feldfrucht oder tiefe Pflanzung entstehen.

AUSSAAT – Lauch wird im Vorfrühling im Freiland ausgesät. Alternativ können die Pflanzen in Anzuchtschalen unter Glas vorgezogen werden.

PFLANZEN UND PFLEGEN – Die jungen Pflanzen sollten an ihrem endgültigen Standort im Frühsommer gepflanzt werden, wenn sie etwa 25 cm hoch sind. Sie werden vorsichtig aus dem Saatbeet gehoben und die Spitzen und Wurzeln leicht beschnitten. Markieren Sie Reihen mit 20 cm Abstand zueinander und graben mit einer Pflanzschaufel etwa 15 cm tiefe Löcher. Die Pflanzen werden in die Löcher gesetzt und gewässert, damit sich die Wurzeln festsetzen. Ein Auffüllen oder Festdrücken ist nicht erforderlich. Halten Sie die Pflanzen von Unkraut frei und wässern Sie sie gut. Damit ein längerer weißer Schaft entsteht, können die Pflanzen während des Wachstums weiter angehäufelt werden.

ERNTE – Lauch kann ab Mitte Herbst verwendet werden und bis zum nächsten Frühjahr kann er in der Erde verbleiben.

EMPFOHLENE LAUCHSORTEN

„Bavaria“ – *lange vitaminreiche Schäfte, kann bereits im Sommer geerntet werden*

„Pandora“ – *lange Schäfte mit hohem Weißanteil, guter Ertrag, widerstandsfähig gegen Pilzkrankheiten*

„Blaugrüner Herbstlauch“ – *intensiver Geschmack, frostverträglich*

„Blaugrüner Winter/Arkansas“ – *Winterlauch mit weißen mildaromatischen Schäften*

SCHÄDLINGE UND KRANKHEITEN – Lauch leidet unter der Zwiebelfliege und dem Fadenwurm, weshalb sich ein Fruchtwechsel mit verwandten Feldfrüchten empfiehlt.

Salate

Die häufigste Zutat für Salate ist natürlich Kopfsalat, aber es gibt daneben viele andere wie Endivien, Chicorée, Feldsalat, Rucola, Senfkohl und Kresse. Weitere Salate werden heutzutage als Paket mit gemischten Samen verkauft, die angebaut werden, um die jungen zarten Blätter zu ernten.

Kopfsalat

Kopfsalat ist relativ einfach anzubauen, doch die Kunst ist die Kontinuität und Vielfalt dieses wertvollen Salats beizubehalten. Kopfsalat kann das ganze Jahr über angebaut werden, wenn die richtigen Sorten gewählt und diese grundlegend geschützt werden.

Die häufigsten, wenn auch die wohl am wenigsten attraktiven, sind der Butterkopfsalat oder die Rundkopfsorten, die ein rundes weiches Herz bilden. Eissalat ist zwar ähnlich, hat aber eine knackige Mitte. Römischer Salat hat lange Blätter und ist normalerweise recht knackig. Romanasalat ist eine Art römischer Salat. Pflücksalate sind in ihrer Beschaffenheit viel weicher, und man kann sie blattweise verwenden. Es gibt verschiedene ausgefallene Blattarten, die gerüscht oder wie Eichenblätter geformt sind, manche mit roten, aber auch grünen Blättern. Werden verschiedene Sorten ausgesät, ergibt das eine Salatvielfalt und eine verlängerte Erntezeit.

AUSSAAT – Um frühzeitig im Jahr Salat zu ernten, wird er am besten in einem kühlen Gewächshaus in Anzuchtschalen im späten Winter ausgesät und Mitte des Frühlings ins Freiland gepflanzt. Die erste Aussaat im Freiland kann Mitte des Frühlings erfolgen, wenn sich die Erde erwärmt. Säen Sie in Reihen von 1 cm Tiefe im Abstand von 30 cm zueinander aus. Säen Sie dünn aus oder nehmen Sie Saatbänder oder pilliertes Saatgut, damit die Aussaat gleichmäßig ist. Säen Sie im Abstand von zwei Wochen in kleinen Mengen aus, damit die Saison über Salat kontinuierlich nachwächst.

PFLANZEN UND PFLEGEN– Salate brauchen einen gut bearbeiteten Boden mit einem alkalischen pH-Wert und einem hohem Maß an organischen Stoffen. Die Verwendung eines Folientunnels oder Frühbeets ermöglichen einen frühen oder späten Ertrag. Wenn der Salat groß genug ist, wird er je nach Sorte auf 20-30 cm ausgedünnt und sanft gewässert. Jung umgesetzte Pflanzen sollten im gleichen Abstand gesetzt werden. Um auch im Winter Salat züchten zu können, benötigen Sie ein frostgeschütztes Glashaus, um Probleme wie Verkümmern zu vermeiden.

EMPFOHLENE BUTTERKOPFSALATSORTEN

„Mona“ – *zarter Salat mit großen Köpfen, der im Frühjahr, Sommer und Herbst angebaut werden kann, er ist tolerant gegenüber Salatfäule und dem Salat-Mosaikvirus.*

„Estelle“ – *schmackhafter Salat, der von Frühjahr bis Herbst geerntet werden kann. Resistent gegen Blattläuse und Mehltau.*

EMPFOHLENER EISSALAT

„Barcelona“ – *resistent gegen grüne Blattlaus und falscher Mehltau, kann dieser lange haltbare Salat vom zeitigen Frühjahr bis Herbst geerntet werden.*

„Fortunas“ – *resistente große Köpfe, knackig und leicht süßlich im Geschmack*

EMPFOHLENE ROMANASALATE

„Attico“ – *auch für kleine Gärten und Balkon geeignet, saftige, süßaromatische Herzen*

„Corbana“ – *schmale Köpfe und knackige aufrecht stehende Blätter mit gut gefülltem gelbem Herz*

EMPFOHLENE PFLÜCKSALATE

„Catalogna“ – *löwenzahnähnlicher Salat, leicht bitter im Geschmack*

„Lollo Rossa Solmar“ – *roter Pflücksalat mit nussigem Aroma*

„Amerikanischer Brauner“ – *mittelgrüne, braunrote, getupfte, gewellte Blätter, mehrmaliger Schnitt ist möglich*

WEITERE ZU EMPFEHLENDE SORTEN

Endiviensalat „Bionda a cuore pieno“ – *schmackhaftes Herbstgemüse mit leichtem Gehalt an Bitterstoffen. Kann ab November Kopf unter aufgehängt und gelagert werden.*

Radicchio „Indigo“ – *italienische Salatspezialität mit dunkelroten Köpfen und grünem Umblatt, mit nussigem Geschmack. Für den Herbstanbau geeignet.*

SCHÄDLINGE UND KRANKHEITEN – Salate werden gerne von Nacktschnecken und Vögeln heimgesucht, was den Ertrag stark mindern kann. Sie können aber auch von der grünen Blattlaus und der Salatwurzellaus befallen werden, die zwar auf den Wurzeln lebt, aber die Spitzen gelb werden und verwelken lässt. Dunkle Blattränder werden durch Sonnenbrand verursacht. Unter Glas und insbesondere während des Winters leiden Salate leicht an Botrytis und falschem Mehltau. Gute Lüftung ist ein probates Mittel dagegen.

Salatblätter

Genau wie Salat gibt es viele andere essbare Pflanzen, die für einen schmackhaften Salat angebaut werden können. Sie können die Pflanzen entweder dicht in Reihen nebeneinander anbauen und die jungen Blätter abschneiden, sobald sie groß genug sind – verschiedene Mischungen sind erhältlich – oder Sie wählen diejenigen Sorten aus, die Sie mögen und säen sie zur entsprechenden Saison aus.

FRÜHLING – Säen Sie im Vorfrühling unter Glas oder Mitte bis Ende Frühling im Freiland aus, um im Spätfrühling oder Frühsommer ernten zu können. Alle Salatsorten wie Blattspinat, Sauerampfer, Blätter der roten Beete und von Erbsen können für Salate verwendet werden.

SOMMER – Aussaat im Spätfrühling bis zur Mitte des Sommers für eine Ernte im Spätfrühling oder Spätsommer. Salat kann immer noch ausgesät werden und dazu Endivien, Chicorée, Barbarakraut (Winterkresse) und asiatische Blattsalate wie Mizuna und Senfkohl.

HERBST – Aussaat ab Mitte des Sommers bis Frühherbst für eine Ernte ab Herbstmitte bis zum Frühwinter. Endivien, Chicorée und asiatische Salate gedeihen um diese Zeit noch sehr gut, dazu Senfrauke, Blattrettich, Feldsalat, auch als Rapunzelsalat bezeichnet. Eine Aussaat im Spätsommer kann den Winter überleben.

WINTER – Feldsalat, Rucola, Mizuna und Spinat wachsen auch im Winter und liefern Salatblätter, doch sie sind oft von schlechter Qualität und voller Schlamm. Es ist daher besser diese Sorten unter Glas anzubauen.

Frühlingszwiebeln

Diese werden aus Samen in Reihen von 15 cm Abstand zueinander gezogen. Da die Zwiebeln jung und wenn sie saftig sind geerntet werden, ist ein Ausdünnen nicht erforderlich. „White Lisbon“ ist eine gute weiße Sorte und es gibt noch „Rote von Florenz“ mit roter Schale.

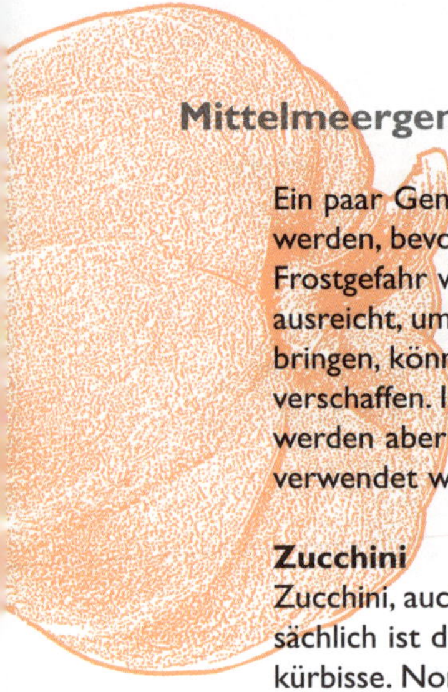

Mittelmeergemüse

Ein paar Gemüsesorten sind sehr zart und müssen unter Glas gezogen werden, bevor die jungen Pflanzen ins Freiland kommen, nachdem die Frostgefahr vorüber ist. Da die Bodentemperatur Anfang des Jahres kaum ausreicht, um die Samen zum Keimen und einen vernünftigen Ertrag zu bringen, können Sie sich einen Vorsprung mit vorgezogenen Pflanzen verschaffen. Interessanterweise sind viele im Grunde genommen Früchte, werden aber als Gemüse behandelt, weil sie für schmackhafte Gerichte verwendet werden.

Zucchini

Zucchini, auch Markkürbis genannt, sind wie kleine Kürbisse und tatsächlich ist die Anbauweise die gleiche wie für Garten- und Patissonkürbisse. Normalerweise bilden Zucchini dichte buschige Pflanzen, wohingegen die übrigen ranken und eine Menge Platz beanspruchen.

AUSSAAT – Säen Sie die Samen in einem warmen Gewächshaus Mitte des Frühlings bis Spätfrühling aus. Säen Sie nicht zu früh, weil die Pflanzen schnell wachsen. Verwenden Sie Töpfe von 9 cm, die mit Blumenerde gefüllt werden. Säen Sie zwei Samen in jeden Topf und drücken Sie sie ca. 2 cm tief in die Erde. Sollten beide Samen austreiben, ist einer zu entfernen und der verbliebene Keimling wächst weiter in einem warmen, sonnigen frostfreien Gewächshaus. Die jungen Pflanzen sind vor dem Umzug ins Freiland im Frühsommer abzuhärten.

PFLANZEN UND PFLEGEN – Zucchini brauchen eine offene sonnige Lage und reagieren auf eine sehr reichhaltige, humusreiche Erde. Bereiten Sie eine kleine Grube, teilweise gefüllt mit Kompost und Humus, für jede einzelne Pflanze vor. Darauf geben Sie einen allgemeinen Dünger und drücken dann um die Pflanze die Erde nieder, um das Wässern zu erleichtern. Buschförmige Zucchinipflanzen sollten mindestens 60 cm voneinander entfernt gepflanzt werden, und Spalierkürbisse müssen 1,2 m Abstand zueinander haben. Sie sind stets gut zu wässern und regelmäßig mit Flüssigkali zu düngen.

Zucchini und Gartenkürbisse bilden getrennt weibliche und männliche Blüten. Die weiblichen haben einen leicht geschwollenen Stiel hinter der Blüte. Normalerweise werden sie von Insekten bestäubt, aber wenn das Wetter zu kalt ist, können sie auch von Hand bestäubt werden.

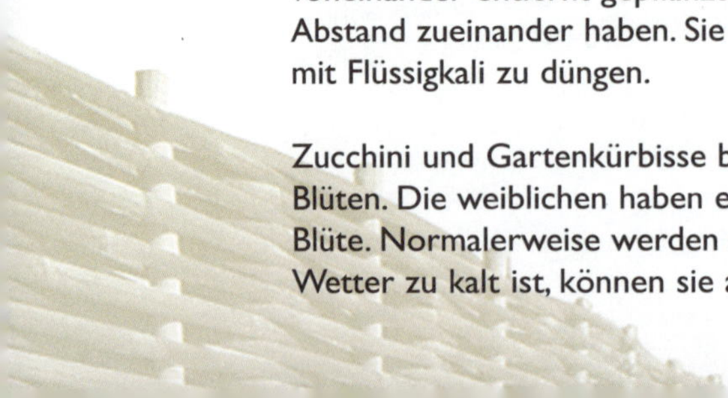

ERNTE – Zucchini müssen häufig geerntet werden, wenn die Früchte etwa 10 cm lang sind. Sie sind am besten frisch zu verwenden, können aber auch in Scheiben geschnitten und eingefroren werden. Werden sie zu spät geerntet, wachsen sie zu Kürbissen heran und die Entwicklung verlangsamt sich. Manch einer stört sich an den stacheligen Blättern, weshalb es sich empfiehlt Handschuhe und ein langärmliges Hemd bei der Ernte zu tragen. Die männlichen Blüten sind übrigens essbar und ergeben frittiert eine köstliche Delikatesse.

EMPFOHLENE ZUCCHINI, KÜRBISSE UND PATISSONKÜRBISSE

Zucchini „Gold Rush F1 Hybride" – *gelbe, sehr ertragreiche Früchte*

Zucchini "Eight Ball F1 Hyride" – *billardkugelgroße Früchte, buschiger Wuchs, grüne Schale*

Zucchini „One Ball F1 Hybride" – *gelbe runde Früchte, ertragreich*

Zucchini „Custard White/Ufo weiß" – *weiße tellerförmige Früchte mit zartem Fleisch*

Patissonkürbis „Squash Sunburst" – *sehr zarte gelbe Früchte auf buschigen Pflanzen*

Hokkaido-Kürbis „Uchiki Kuri" – *nussigkerniger schmeckender Kürbis mit orangem Fruchtfleisch*

SCHÄDLINGE UND KRANKHEITEN – Sie werden gerne von Nacktschnecken heimgesucht, weshalb nach der Pflanzung für Schutz gesorgt werden muss. In warmen Sommern leiden sie unter der weißen Fliege und manchmal unter Viren, die das Wachstum hemmen. Zucchini können auch von Mehltau befallen werden. Um dies zu vermeiden, sollten Sie resistente Sorten anbauen und die Pflanzen gut wässern.

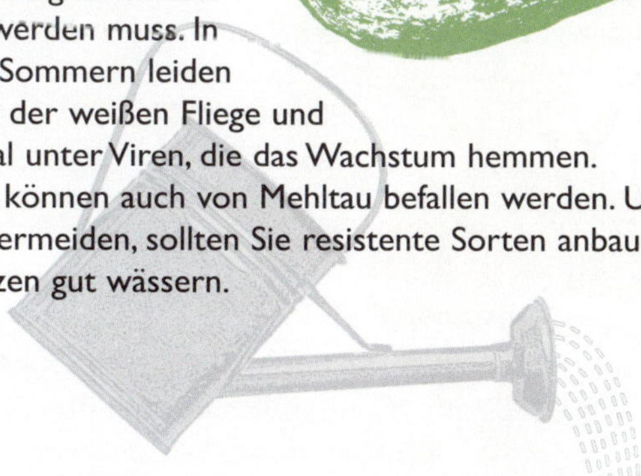

Zuckermais

Diese hocharomatische und süßere Version des Mais braucht einen warmen Sommer um richtig zu gedeihen. Einige der neueren F1 Hybriden wurden gezüchtet, um den kühleren Klimazonen besser zu entsprechen. Die extra süßen sollten abseits der standardmäßigen Sorten angebaut werden, weil eine Kreuzbestäubung die Süße mindert.

AUSSAAT – Die Aussaat erfolgt Mitte bis Ende Frühling in 9 cm Töpfen mit guter Blumenerde, wobei zwei Samen etwa 2 cm tief und leicht mit Erde bedeckt gesät werden. Das Keimen erfolgt in einem warmen Gewächshaus, das Anwachsen braucht viel Licht. Entfernen Sie den schwächeren Keimling der beiden Sämlinge, falls beide Samen austreiben. Vor dem Umpflanzen ins Freiland im Frühsommer, wenn die Frostgefahr vorüber ist, sind die Pflänzchen abzuhärten.

PFLANZEN UND PFLEGEN – Der Standort für Zuckermais sollte warm und sonnig mit einem gut durchlässigen Boden sein. Die Pflanzen haben getrennt weibliche und männliche Blüten und werden vom Wind bestäubt. Männliche Blüten haben lange, dekorative Quasten an der Spitze der Pflanzen. Weibliche Blüten, aus denen der Zuckermais hervorgeht, sind weiter unten angesiedelt. Zuckermais wird am besten in Blöcken angebaut, um die Bestäubung zu fördern. Die Pflanzen sind etwa 45 cm im Quadrat anzuordnen und gut nach dem Pflanzen zu wässern. Bei trockenem Wetter gut wässern und von Unkraut frei halten.

ERNTE – Jede Pflanze bringt zwei oder drei Kolben hervor, die normalerweise im Spätsommer oder Frühherbst reif sind. Die Überreste der weiblichen Blüten werden Seidenfäden genannt, wenn sie braun werden, sind die Kolben reif. Entfernen Sie vorsichtig die äußere grüne Umhüllung und drücken Sie mit einem Fingernagel in einen Kern. Wenn die austretende Flüssigkeit milchig ist statt klar, ist der Kolben reif und kann geerntet werden. Die Kolben sind am besten frisch zu verwenden, können aber auch für den Winter eingefroren werden.

EMPFOHLENER ZUCKERMAIS

„Golda" – *sehr süß im Geschmack und lange haltbar. Besonders ertragreich*

„Bloody Butcher" – *rote lange Kolben mit süßem Geschmack*

SCHÄDLINGE UND KRANKHEITEN – Gelegentlich können Nacktschnecken ein Problem darstellen, ansonsten ist Zuckermais relativ frei von Krankheiten.

Freilandtomaten
In kälteren Klimazonen kann es ein bisschen ein Glücksspiel werden, doch an geschützter Stelle und in einem angenehmen Sommer können einige Spätsorten durchaus angebaut werden.

AUSSAAT – Säen Sie Mitte des Frühjahrs aus und ziehen Sie Pflanzen wie fürs Gewächshaus (siehe Seite 120-123).

PFLANZEN UND PFLEGEN – Bereiten Sie einen gut durchlässigen Boden mit reichlich organischen Stoffen auf die übliche Weise vor. Vor dem Anpflanzen sind die Pflänzchen sorgfältig abzuhärten. Tomaten werden im Abstand von 45 cm zueinander in Reihen mit 90 cm Abstand gepflanzt.

Buschtomaten müssen nicht ausgegeizt oder angebunden werden. Stangentomaten werden, wenn sie wachsen, an eine 1,5 hohe Stange gebunden. Entfernen Sie die Seitentriebe wie bei Gewächshaustomaten. Die Tomatenpflanzen werden in der Regel über dem fünften oder sechsten Blütenstand geköpft, oder über dem dritten oder vierten, wenn frühzeitiger geerntet werden soll. Die Pflanzenspitze wird entfernt, damit die Kraft in die Früchte geht.

Unkraut ist regelmäßig zu entfernen und die Pflanzen sind regelmäßig zu wässern und zu düngen. Wenn sich die Früchte entwickeln, streuen Sie unter den Pflanzen Stroh aus, damit die Früchte nicht den Boden berühren. Sorgen Sie auch für Schutz gegen Nacktschnecken.

ERNTE – Pflücken Sie die Früchte, sobald sie reif sind, noch vor dem ersten Frost. Sie sollten, zusammen mit einem reifen Apfel, der das Reifen fördert, in einer Lade oder einem geschlossenen Behälter gelagert werden.

EMPFOHLENE FREILANDTOMATEN
„Roma VF“ – *sehr ertragreiche Pflanze mit dattelförmigen Früchten, fast kernlos*
„Cherrola F1“ – *ca. 1,5 m hohe Kirschtomatenpflanze mit langen Rispen, robust und widerstandfähig gegen Krankheiten, Kälte und Nässe*
„Harzfeuer F1 Hybride“ – *süßaromatische Tomate, mittelgroß, schnittfest und widerstandfähig gegen die meisten Krankheiten*

SCHÄDLINGE UND KRANKHEITEN – Freilandtomaten leiden unter den gleichen Schädlingen und Krankheiten wie Gewächshaustomaten, doch weniger stark. Kartoffelfäule

kann ein Problem werden, wenn Kartoffeln in nächster Nähe angebaut werden.

Sellerie

Sellerie galt früher als sehr schwierig zu züchtendes Gemüse, das in Gräben angebaut und dann angehäufelt werden musste, um zarte weiße Schäfte zu erhalten. Moderne, selbst bleichende Sorten machen diese Arbeit überflüssig, aber der Geschmack ist möglicherweise weniger gut.

AUSSAAT – Beginnen Sie die Aussaat unter erwärmten Glas im Vorfrühling und pikieren Sie dann die Sämlinge in Schalen oder kleine Pflanzkästen. Kühl ziehen und abhärten, bevor sie im Spätfrühling ins Freiland umgesetzt werden.

PFLANZEN UND PFLEGEN – Der Standort sollte offen und sonnig sein und auf normale Weise vorbereitet werden. Pflanzen Sie die Setzlinge blockweise im Abstand von 25 cm zueinander, da die unmittelbare Nähe zu benachbarten Pflanzen den Bleichprozess begünstigt. Unkrautfrei halten und gut wässern.

ERNTE – Ab dem Spätsommer sind die Pflanzen erntebereit, sie sollten unbedingt vor dem ersten Herbstfrost geerntet werden, weil die selbstbleichenden Sorten nicht winterhart sind.

EMPFOHLENE SELLERIESORTEN

Stangensellerie „Tango“ – *delikat, mit grünen Stengeln, nicht bleichend, mit delikatem Aroma*

Bleichsellerie „Golden Spartan“ – *fleischige lange Rippen, schnellwachsend*

SCHÄDLINGE UND KRANKHEITEN – Sellerie kann von Nacktschnecken heimgesucht werden, aber auch von der Selleriefliege, einer Art Minierfliege, die braune Blasen an den Blättern hervorruft.

Spinat und Mangold

Echter Spinat ist ein schnell wachsendes einjähriges Gemüse, das mitunter einen intensiven Geschmack aufweist, und das am besten gepflückt wird, wenn es jung und zart ist. Wer es zu mühselig findet, einjährigen Spinat anzubauen, kann es mit Mangold versuchen, auch als Krautstiel bekannt, der ähnlich ist, aber nicht schosst und die ganze Saison über bis zum Winter wächst. Er ist nicht so zart und delikat wie Spinat. Es gibt auch Mangold mit farbigen Stielen, wie z. B. Rhubarb Chard, der sehr dekorativ ist, aber genauso angebaut und zubereitet wird wie normaler Mangold.

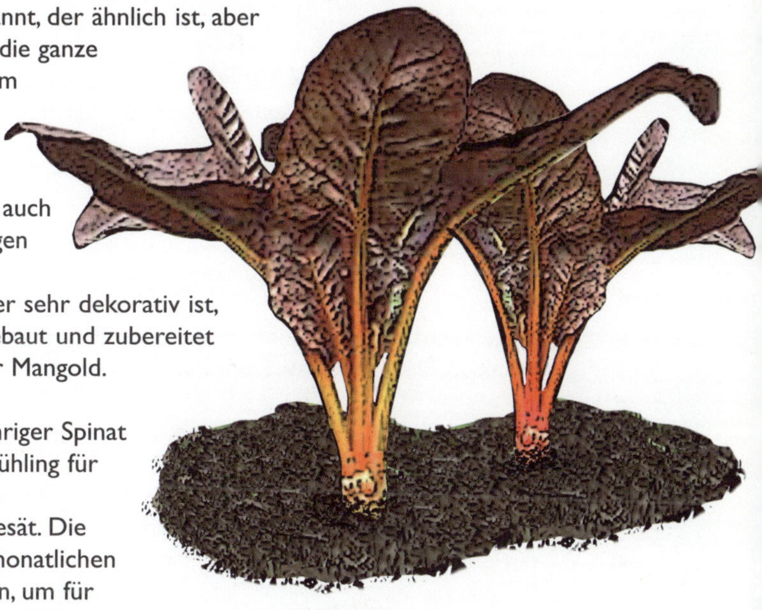

AUSSAAT – Einjähriger Spinat wird ab dem Vorfrühling für eine Ernte ab dem Frühsommer ausgesät. Die Aussaat sollte in monatlichen Abständen erfolgen, um für regelmäßigen Nachschub junger Blätter zu sorgen. Die Pflanzreihen sollten 30 cm Abstand zueinander haben, gesät wird sparsam in 2,5 cm Rillen. Säen Sie Mangold Mitte des Sommers für einen Ertrag im Herbst oder Winter aus.

PFLANZEN UND PFLEGEN – Da es sich um ein Blattgemüse handelt, muss der Boden gut mit reichlich organischen Stoffen und einem normalen Dünger wie Fertofit vorbereitet werden. Die Setzlinge sind im Abstand von 7,5 cm zu pflanzen. Heiße, trockene Sommer schaden der Entwicklung, so dass die Pflanzen zu schnell schossen, weshalb entsprechend gewässert werden muss.

ERNTE – Pflücken Sie die einzelnen Blätter, wenn sie jung sind, oder schneiden Sie die ganze Pflanze bis auf einen Stumpf ab, aus dem oftmals eine zweite Ernte sprießt.

EMPFOHLENE SPINAT- UND MANGOLDSORTEN

Mangold „White Silver 2" – *Rippenmangold mit weißen breiten Rippen*

Schnittmangold „Lucullus" – *gelbgrüner krausblättriger Schnittmangold*

Spinat „Matador" – *dunkelgrüner ertragreicher Spinat für Frühjahrs- und Herbstaussaat*

Spinat „Lazio" – *F1 Hybride, resistent gegen falschen Mehltau, sehr ertragreich*

SCHÄDLINGE UND KRANKHEITEN – Spinatpflanzen sind relativ frei von Schädlingen und Krankheiten. Gelbe Blätter können entweder einen Manganmangel oder falschen Mehltau bedeuten. Bei letzterem ist auf der Unterseite der Blätter ein grauer Schimmel zu entdecken.

Spargel

Spargel ist ein mehrjähriges Gemüse, das jahrelang produktiv sein kann, wenn es erst einmal etabliert ist. Der essbare Teil sind die rundlichen jungen Schäfte, die sich im Frühjahr und Frühsommer aus dem Boden schieben. Sie werden als Stangenspargel bezeichnet.

ANFLANZUNG – Spargel kann aus Samen gezogen werden, aber junge Pflanzen zu kaufen erspart Zeit. Kaufen Sie einjährige wurzelnackte Jungpflanzen, die aus Samen gezogen wurden. Diese Pflanzen sind recht unhandlich, mit lang herabhängenden Wurzeln, die niemals austrocknen dürfen, während sie auf das Einpflanzen warten. Da diese Feldfrucht über Jahre am gleichen Standort verbleibt, ist der Boden besonders gründlich vorzubereiten, sollte doppelt umgegraben werden und eine reichliche Menge organischer Stoffe enthalten.

Pflanzen Sie Spargel im Winter, wenn die Wurzeln noch ruhen. Heben Sie einen Graben aus, der etwa 15 cm tief und 30 cm breit ist und lassen in der Mitte einen kleinen Hügel stehen. Breiten Sie die Wurzeln im Abstand von ca. 40 cm zueinander aus. Bedecken Sie sie mit 5 cm feiner Humuserde, so dass die Triebspitzen in einem kleinen Graben wachsen.

PFLANZEN UND PFLEGEN – Während der ersten Saison muss der ganze Bereich vollkommen von Unkraut freigehalten und regelmäßig gewässert werden. Wenn das Spargelkraut zu wachsen beginnt, wird die restliche Erde vorsichtig in den Graben und um die Spargelpflanzen gefüllt, bis er zum Herbst plan ist. Wenn im Herbst das Laub gelb wird, ist es bis auf 5 cm zurückzuschneiden. Während der nächsten Jahre sind die Spargelbeete mit einem allgemeinen Dünger im Vorfrühling zu versorgen. Der Dünger wird mit einer Hacke oder einem Rechen in den Boden eingearbeitet. Häufeln Sie jede Pflanze an, denn dadurch wird die Länge der weißen Spargelstangen vergrößert.

ERNTE – Diese kann ab dem zweiten Jahr Mitte des Frühjahrs erfolgen. Schneiden Sie die Stangen, wenn sie ca. 10-12,5 cm über dem Boden sind. Verwenden Sie dazu ein gezahntes Messer, um die Stangen etwa 7,5 cm unter der Erdoberfläche abzutrennen. Ab dem Frühsommer wird nicht mehr geerntet, damit das Kraut wachsen und die Pflanze für die nächste Saison Kraft sammeln kann.

EMPFOHLENE SPARGELSORTEN

Grünspargel „Huchels Schneewittchen" grün
– schmackhafter grüner Spargel, früh bis mittelfrüh

„Huchels Hochzucht" *– mitteldicke Bleichspargelstangen von hoher Qualität*

SCHÄDLINGE UND KRANKHEITEN – Spargel leidet unter Nacktschnecken, welche die jungen Stangen anfressen. Der Spargelkäfer, zu erkennen an seinem auffallenden schwarz-orangefarbenen Körper mit weißen Tupfen, tritt später in der Saison auf und macht sich über das Kraut her. Er kann durch Besprühen bekämpft werden.

Obstanbau

Die meisten Früchte sind mehrjährige Pflanzen, die oftmals erst nach Jahren den vollen Ertrag bringen. Aus diesem Grund ist es ratsam sie im eigenen Garten anzupflanzen anstatt in einem gepachtetem Kleingarten. Einige von ihnen, wie die Birne, sind attraktive Gartenpflanzen mit kühnen Formen und zauberhaften Frühlingsblüten und schönem Herbstlaub, so dass jede Frucht als ein zusätzlicher Bonus betrachtet werden kann.

Obstsorten

Obst wird allgemein in Baum- und Beerenobst unterschieden. Zum Baumobst zählen Äpfel, Birnen, Pflaumen und Kirschen, zu denen Aprikosen, Pfirsiche, Nektarinen und Feigen hinzugezählt werden können, die jedoch meistens als Spalierobst oder unter Glas angebaut werden. Beerenobst umfasst Stachelbeeren, weiße, rote und schwarze Johannisbeeren, Himbeeren, Brombeeren und Loganbeeren und natürlich Erdbeeren. Es gibt noch weitere Obstsorten einschließlich Hybridbeeren wie Taybeeren und Heidelbeeren, die populär geworden sind sowie spezielle Früchte wie Kiwi und Trauben.

Grundlagen für den Obstanbau

Alle Obstsorten erfordern eine gründliche Vorbereitung des Bodens, bevor sie angepflanzt werden. Alle immerwährenden Unkräuter sollten mit Glyphosat oder einem anderen Mittel, wie auf Seite 28 beschrieben, entfernt werden. Der Boden ist gründlich umzugraben und reichliche Mengen an organischen Stoffen sind einzuarbeiten. Die meisten Obstsorten werden am besten während des Winters, der Ruhezeit, eingepflanzt, doch Sie können auch im Topf gezogene Pflanzen während des Frühlings und Sommers in Gartenzentren bekommen. Sie müssen darauf achten, dass diese im ersten Jahr gut gewässert werden. Bei Baumobst können Sie entweder einen einjährigen Baum kaufen, der in die gewünschte Form gebracht werden muss, oder Sie kaufen ältere, teilweise beschnittene Bäume, die bereits gestutzt und ausgeschnitten wurden.

Während des Winters sind die jungen Bäume und Büsche nackte Wurzelware, bei der darauf zu achten ist, dass die Wurzeln nicht austrocknen. Graben Sie ein Loch, das tief genug ist, die Wurzeln aufzunehmen, ohne sie zu sehr einzuengen. Vermischen Sie die ausgehobene Erde mit einem hochgradigen Phosphatdünger wie Knochenmehl und geben Sie diesen auch in das Pflanzloch. Breiten Sie die Wurzeln vorsichtig aus, füllen dann die Erde wieder auf und treten sie mit den Füßen fest. Die meisten Bäume brauchen in den ersten Jahren eine Abstützung.

Bei nackter Wurzelware wird der Stützpfahl zuerst in das Pflanzloch eingelassen, um die Wurzeln beim Einpflanzen nicht zu verletzen. Bei Bäumen, die in Kübeln gezogen werden, verwendet man eine kurze Stange im Winkel zum Stamm und vom Wurzelballen entfernt. Verwenden Sie am besten ein Spezialband aus Gummi zum Anbinden des Baums oder alternativ einen Kokosstrick.

Obstbüsche werden ähnlich angepflanzt, brauchen aber normalerweise keine Stütze. Die meisten Obstbäume und Büsche profitieren von einem ziemlich harten Zuschnitt unmittelbar nach dem Anpflanzen. Dadurch wird ein starkes, neues und gesundes Wachstum während der ersten Saison gefördert, nachdem sich die neuen Wurzeln etabliert haben. Halten Sie die Obstbäume gut gewässert, vorzugsweise mit Mulch, um die Bodenfeuchtigkeit aufrechtzuerhalten. Während der ersten Jahre ist der Boden unkrautfrei zu halten und die Pflanze ist regelmäßig auf Schädlinge und Krankheiten zu untersuchen.

Während des zweiten und der darauffolgenden Jahre müssen Sie die Bäume stutzen. Die Art des Zuschnitts ist bei den verschiedenen Bäumen beschrieben. Es kann im zweiten Jahr mit einem ausgewogenen Dünger wie Fertofit mit 75 g /m² gedüngt werden, um ein kräftiges Wachstum zu fördern. Wenn der Baum Früchte zu tragen beginnt, können Sie einen Dünger mit höherem Kalianteil verwenden, wie schwefelsaures Kali.

Baumobst

Berucksichtigen Sie den Platz, den wachsende Obstbäume einnehmen. Ein ausgewachsener Apfelbaum wird sehr viel Platz einnehmen und trägt vielleicht viele Jahre keine Früchte. Zum Glück gibt es die Möglichkeit kleine Bäume zu züchten, die auf einem niedrigen Wurzelstock/Unterlage gepfropft werden, weshalb Sie beim Kauf eines Obstbaums immer den Wurzelstock überprüfen sollten. Die meisten Obstbäume können auch in einer Vielzahl von Formen gezüchtet werden. Spalierobst nimmt nur wenig Platz ein und kann, wenn es einen niedrigen Stamm hat, dazu führen, dass selbst in einem kleinen Garten frisches Obst erzeugt wird.

Formen von Obstbäumen

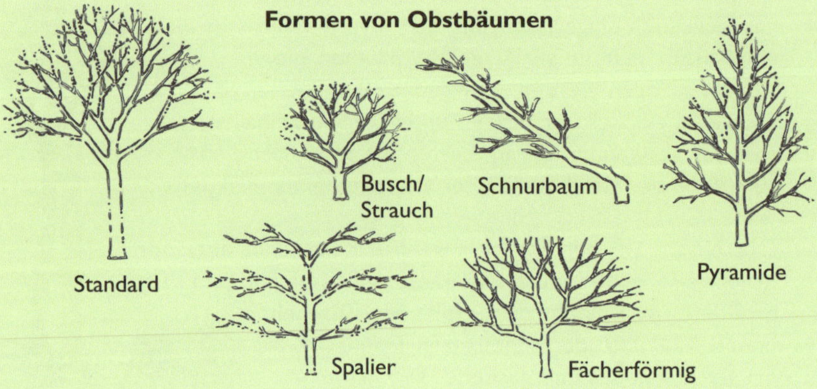

Spalierbäume, ob fächerförmig oder in anderen Formen erzogen, können besonders nützlich sein, wenn Platz an einer freien Mauerwand vorhanden ist. Busch- und Standardformen nehmen im Allgemeinen den meisten Platz ein und sind nur dann angebracht, wenn Sie ausreichend Raum für die Anlage eines Obstgartens haben. Pyramidenförmige Bäume sind sehr gut für einen kleinen Garten geeignet und nehmen wenig Platz ein.

Äpfel

Äpfel werden in Koch- und Speiseäpfel unterschieden und es gibt eine riesige Auswahl, insbesondere bei letzteren. Es gibt einige wunderbar aromatische Apfelsorten, die angebaut werden können und die Sie niemals in einem Supermarkt finden werden.

PFLANZEN UND PFLEGEN VON APFELBÄUMEN – Äpfel müssen immer auf einen Stamm (Wurzelstock/Unterlage) aufgepfropft werden, weil sie auf ihren eigenen Wurzeln nicht gut wachsen. Der Stamm reguliert die letztendliche Größe des Baums und bestimmt die Zeit des Früchtetragens. Es ist sehr wichtig eine Apfelsorte mit dem richtigen Stamm für Ihren Garten zu wählen. Die Wurzelstöcke regulieren auch andere Dinge, wie Resistenz gegen Krankheiten. Eine gute Baumschule wird immer den Wurzelstock für Obstbäume ausweisen, aber Billigangebote können auf irgendetwas aufgepfropft sein, was nicht angegeben wird oder nicht korrekt ist.

WURZELSTÖCKE / UNTERLAGEN UND IHRE AUSWIRKUNGEN

Wurzelstock	Beschreibung	Höhe	Ertrag nach	Abstand
M27	Zwergbaum	1,5–1,8 m	2–3 Jahren	0,9–1,2 m
M9	Sehr kleinwüchsig	2,4–3,8 m	3–4 Jahren	1,2–2,4 m
M26	kleinwüchsig	3–3,6 m	3–4 Jahren	2,4–3,6 m
MM106	kräftig	4,3–5,5 m	4–5 Jahren	3,6–4,8 m
MM111 und M2	Sehr groß	5,5–7,6 m	6–7 Jahren	4,3–7,6 m

Zu Beginn sind drei Entscheidungen zu fällen: der Wurzelstock, die Form, in die der Baum gebracht werden soll, und die Obstsorte, die Sie wollen. Bei der Auswahl der Obstsorten ist es erforderlich, diejenigen zu wählen, die sich gegenseitig bestäuben. Ohne Bestäubung bilden sich keine Früchte, was bedeutet, dass Ihre Bäume zur gleichen Zeit blühen müssen. Zuverlässige Obstbaumkataloge stellen die Sorten nach Bestäubungs- und Blütezeit zusammen.

APFELBAUMZUSCHNITT – Junge Apfelbäume werden in den ersten Jahren stark gestutzt, so dass vom neuen Wuchs ein Drittel oder die Hälfte entfernt wird. Man schneidet bis zu einer Knospe zurück, die vom Zentrum des Baums nach außen weist. Normalerweise erfolgt der Zuschnitt im Winter während der Ruhezeit. Im Allgemeinen wird totes, krankes oder beschädigtes Holz entfernt, der Baum wird ausgelichtet, um eine zu dichte Krone zu vermeiden. Bäume, wie Spalierobst, werden mit Drähten an einer Mauer erzogen, vorzugsweise im Sommer, bevor die Triebe hart werden.

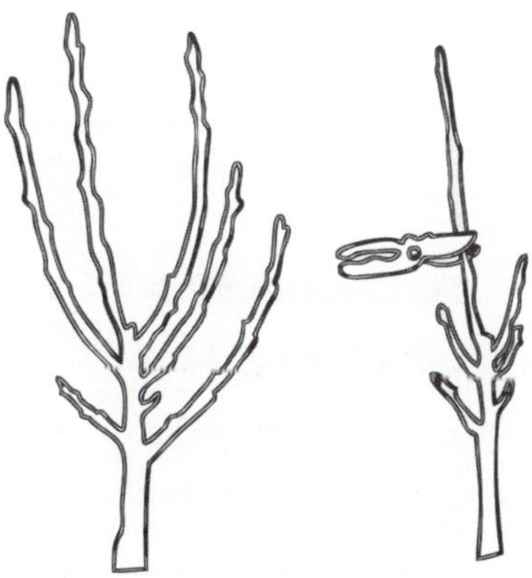

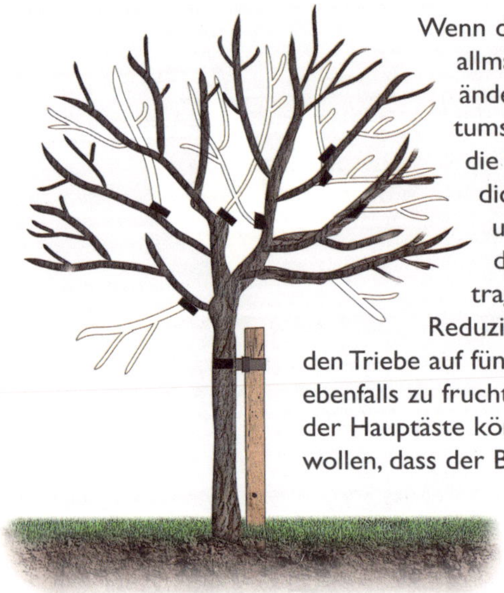

Wenn der Apfelbaum nach zwei oder drei Jahren allmählich Früchte trägt, muss der Zuschnitt geändert werden, um anstelle des starken Wachstums die Fruchtproduktion anzuregen. Wir wollen die Fruchtansätze fördern. Diese sind kurze und dicke Zuwächse, die als Seitentriebe erscheinen und ausgeprägt pralle runde Knospen tragen, die im nächsten Jahr blühen und Früchte tragen werden. Lassen Sie nur diese stehen. Reduzieren Sie nur die stärkeren, nicht fruchttragenden Triebe auf fünf oder sechs Knospen, damit sich diese ebenfalls zu fruchttragenden Trieben entwickeln. Triebe am Ende der Hauptäste können zurückgeschnitten werden, wenn Sie wollen, dass der Baum noch weiter wächst. Ältere Apfelbäume haben sehr komplexe Triebe, die gekürzt und ausgedünnt werden müssen, um die Fruchtqualität beizubehalten. Sie können Obstbäume auch im Sommer stutzen, wobei Sie die Seitentriebe auf drei oder vier Blätter kürzen, damit sie zu fruchttragenden Trieben werden.

BESTÄUBUNG UND FRUCHTAUSDÜNNUNG – Die Blütezeit ist eine entscheidende Jahreszeit für Obsterträge und ein später Frost kann alle Blüten oder die winzigen Früchte zerstören, was zu einem teilweisen oder ganzen Verlust der Ernte führen kann. Wenn Frost vorhergesagt wurde, können kleinere Bäume mit einer Schicht eines Gartenvlieses oder alten Netzvorhängen ausreichend geschützt werden. Wenn die Bestäubung erfolgreich war und sich Früchte bilden, kann es vorkommen, dass ein Überschuss an Früchten entsteht, der nicht richtig ausreift. Diese Früchte fallen naturgemäß im Frühsommer ab. Warten Sie bis dahin und dünnen Sie dann die Fruchtansätze auf einen pro Gruppe aus.

ERNTE UND LAGERUNG – Die Früchte sind reif, wenn Sie einen Apfel vorsichtig anheben und sich der Stiel leicht vom Ast löst. Einige Apfelsorten können gut für den Winter in einem dunklen, kühlen Schuppen oder in der Garage eingelagert werden. Um zu vermeiden, dass die Äpfel schrumpelig werden, sind sie am besten in Pergamentpapier oder perforierte Polyethylenbeutel zu packen.

EMPFOHLENE, SEHR FRÜH BLÜHENDE APFELSORTEN

„Alkmene“ – *saftiger, süßsäuerlicher Apfel mit roter Schale, aromatisch*

„Gravensteiner“ – *gelb, mit roten Streifen, mittelfester, sehr saftiger Apfel*

EMPFOHLENE FRÜH BLÜHENDE APFELSORTEN

„James Grieve“ – *robuste Sorte, sehr ertragreich und frosthart, leicht säuerlich*

„Boskoop“ – *beliebter Tafel- und Kochapfel mit fruchtig-säuerlichem Geschmack*

„Jamba“ – *würzig-säuerlicher, mit glatter gelbgrüner Schale mit roten Streifen*

„Delbar Estival“ – *aromatischer, mild-säuerlicher Apfel mit weißem Fruchtfleisch*

MITTELFRÜH BLÜHENDE SORTEN

„Cox Orange“ – *süßsäuerlicher, würziger Apfel*

„Holsteiner Cox“ – *breit ausladender Baum mit großen herzhaften Früchten*

„Jonagold“ – *der leicht zu einer Spindel zu erziehende Baum trägt Früchte mit hervorragendem Geschmack*

SPÄT BLÜHENDE SORTEN

„Elstar“ – *der dicht beblätterte, einen Sommerschnitt erfordernde Baum trägt mittelgroße Früchte mit saftigem Fruchtfleisch*

„Gala“ – *der wenig Säure enthaltende Apfel mit festem Fruchtfleisch ist saftig und süß*

„Gloster“ – *guter Backapfel mit festem, grünlichweißem Fruchtfleisch*

SCHÄDLINGE UND KRANKHEITEN – Äpfel leiden unter einer ganzen Reihe von Schädlingen und Krankheiten. Verschiedene Raupen und Sägewespen fressen die Blätter und Blüten, manche graben sich in die Frucht, und verursachen die typischen faulen Äpfel. Der Apfelwickler kann durch Pheromonfallen im Baum, die im Frühjahr anzubringen sind, vernichtet werden.

Mehltau und Schorfkrankheiten beeinträchtigen das Laub und schwächen das Wachstum. Mehltau kann durch einen Sommerschnitt und das Entfernen befallener Triebe reduziert werden. Als Schutz kann auch ein Fungizid gesprüht werden, um diese Krankheiten zu bekämpfen. Braunfäule tritt bei vielen Sorten vor allem in nassen Sommern auf. Entfernen Sie alle kranken Früchte, um eine Ausbreitung zu verhindern. Befallene Früchte verbleiben zudem den Winter über in mumifizierter Form im Baum und die Infektion beginnt aufs Neue im darauffolgenden Jahr.

Birnen

Der Anbau von Birnen ist ähnlich wie bei Äpfeln. Birnbäume können zu verschiedenen Formen erzogen werden, und die Pflanzung, der Formschnitt und die regelmäßige Pflege sind wie bei Apfelbäumen. Ganz allgemein lieben Birnen wärmere Standorte als Äpfel und einen schwereren Boden, bei dem eine gute Durchlässigkeit ausschlaggebend ist.

ANPFLANZEN VON BIRNBÄUMEN – Die Wahl des Wurzelstocks ist bei Birnen viel einfacher als bei Äpfeln. Quitte A ergibt einen mittelgroßen Baum und Quitte C einen Zwergbaum. Birnen brauchen auch einen kompatiblen Bestäuber und das kann kompliziert werden, da es einige gibt, die absolut inkompatibel sind, auch wenn sie zur gleichen Zeit blühen.

ZUSCHNITT VON BIRNEN – Der Routineschnitt ist ähnlich wie bei Apfelbäumen, sollte jedoch weniger stark ausfallen. Birnbäume neigen zur Bildung von zahlreichen Trieben, weshalb das Ausdünnen der Triebe bei älteren Bäumen entscheidend für die Aufrechterhaltung der Fruchtqualität und der Kraft des Baumes ist.

ERNTE UND LAGERUNG – Frühbirnen müssen gepflückt und verzehrt werden, sobald sie reif sind. Sie sind vorzugsweise noch unreif zu ernten und man lässt sie im Haus reifen. Wenn die Schale blasser wird und der Stiel leicht vom Baum zu lösen ist, kann die Birne geerntet werden. Bleiben die Früchte zu lange am Baum, verlieren sie ihr köstliches Aroma und das Fruchtfleisch wird braun und teigig. Vor dem Verzehr sollten die Birnen einige Tage in einem warmen Raum liegen, damit sie ihr volles Aroma entwickeln können.

EMPFOHLENE FRÜH BLÜHENDE BIRNEN

„Alexander Lucas“ – *ertragreiche, relativ problemlose Sorte mit hängendem Wuchs*

„Gräfin von Paris“ – *essbar nach 4-6 Wochen Lagerung, grünschalig ernten*

EMPFOHLENE SPÄT BLÜHENDE SORTEN
„Clapps Liebling“ – *relativ problemlos, sehr robust, auch für Streuobst*
„Köstliche von Charneux“ – *weiches, schmelzendes Fruchtfleisch mit süßem Geschmack. Robust und für normale Gartenböden geeignet.*
„Gute Luise“ – *saftige Birne mit gelblichweißem Fruchtfleisch, angenehme Säure*

SCHÄDLINGE UND KRANKHEITEN – Birnen werden von ähnlichen Schädlingen und Krankheiten heimgesucht wie Äpfel, hinzu kommt noch die Birnengallmücke, die die jungen Früchte schwarz werden lässt, wonach sie abfallen. Vernichten Sie stets herabgefallene Früchtchen, bevor die Maden in den Boden eindringen und sich verpuppen. Außerdem muss der Boden unter dem Birnbaum locker bearbeitet werden, damit Vögel zur Futtersuche angeregt werden und die Larven fressen. Sie können gegen diesen Schädling auch sprühen.

Pflaumen

Pflaumen gehören zum Steinobst und einige von ihnen sind die saftigsten Früchte, die in gemäßigten Gärten gedeihen. Renekloden, Mirabellen und Zwetschgen gehören ebenfalls in diese Gruppe. Pflaumenbäume sind nicht besonders anspruchsvoll, gedeihen aber am besten an einem warmen, geschützten Standort mit durchlässigem feuchtigkeitsspeicherndem Boden. Einige Sorten sind selbstfruchtend, so dass ein Bestäuber nicht erforderlich ist.

PFLANZEN – Die Bodenbearbeitung und die Pflanzung sind wie bei allen anderen Obstbäumen. Pflaumen werden oft als Büsche angebaut, zur Hälfte hochstämmig und manchmal als fächerförmiges Spalierobst.
Der am besten für Pflaumen geeignete Wurzelstock ist „Pixy“, der einen kleinwüchsigen Baum ergibt, dessen ausgewachsene Höhe ca. 3 m beträgt, und „St. Julien A“, der einen mittelgroßen Baum ergibt und die bessere Wahl ist, wenn die Bedingungen nicht ideal sind.

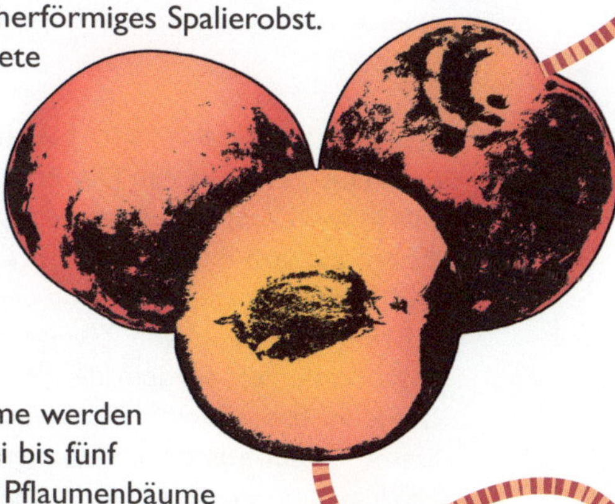

ZUSCHNITT – Junge Pflaumenbäume werden gestutzt, um das Wachstum von drei bis fünf starken Hauptästen zu begünstigen. Pflaumenbäume tragen Früchte an Trieben, an zweijährigem Holz und manchmal an der Basis von einjährigem Holz, so dass der Zuschnitt ähnlich wie bei Äpfeln und Birnen erfolgt. Das Wichtigste ist, dass Pflaumenbäume immer im Sommer gestutzt werden müssen, weil sie sehr anfällig für die Silberblattkrankheit sind, die leichter in den Winter übertragen wird. Alle größeren Schnitte sollten mit einem Wundbalsam versiegelt werden.

REGELMÄSSIGE PFLEGE – Im Vorfrühling ist jährlich zu mulchen und ein ausgewogener allgemeiner Dünger auszubringen. Pflaumen blühen recht früh und die Blüten können durch Frost geschädigt werden. Sollte Frost vorhergesagt werden und die Bäume sind klein genug, können die Blüten oder Fruchtansätze mit Vlies oder alten Netzvorhängen geschützt werden. Gut wässern, wenn sich die Früchte entwickeln.

EMPFOHLENE FRÜH BLÜHENDE PFLAUMEN

„Katinka“ – *scharkatolerante Frühsorte mit süßaromatischen Zwetschgen*

„Ersinger Blau“ – *scharkatolerante Frühsorte mit großen süßaromatischen Früchten*

EMPFOHLENE MITTELFRÜH BLÜHENDE SORTEN

„Felsina“ – *aromatische, würzige dunkelblaue Frucht, gut steinlöslich*

„Topfive S“ – *dunkelblaue rundovale Frucht mit hellgelbem Fruchtfleisch. Steinlösend, fest und saftig*

EMPFOHLENE SPÄT BLÜHENDE SORTEN

Hauszwetschge „Typ Meschenmoser“ – *blauviolette Früchte mit goldgelbem Fruchtfleisch, gut steinlösend*

„Herman“ – *dunkelblaue, leicht ins Rötlich gehende saftige Früchte, gut steinlösend*

SCHÄDLINGE UND KRANKHEITEN – Die Silberblattkrankheit stellt das Hauptproblem dar. Die Blätter der befallenen Pflanze erscheinen silbrig weiß und fast durchsichtig. Der Pilz verbreitet sich auf dem ganzen Baum und von Baum zu Baum. Er überträgt sich durch offene Wunden und Formschnitte. Wenn nur ein kleiner Teil des Baums befallen zu sein scheint, sind diejenigen Zweige mindestens 12 cm über den Teil hinaus auszuschneiden, an dem die Symptome auftreten. Infiziertes Holz wird im Zentrum braunfleckig. Bakterieller Krebsbefall tritt als Krebs an den Stämmen auf, aus denen Flüssigkeit austritt. Blattläuse und Raupen des Frostspanners können ebenfalls Pflaumen befallen. Wenn die Früchte heranreifen, werden Wespen zu einem Problem, weil sie sich von den Früchten ernähren und so für Pflücker eine Gefahr bilden.

Kirschen

Kirschbäume werden sehr ausladend, weshalb sie nur selten in Hausgärten angepflanzt werden. Die neueren verzwergenden Wurzelstöcke „GiSelA 5“ oder der ältere „Colt“ erleichtern zwar den Anbau von Kirschen, doch erwachsen daraus immer noch große Bäume mit einem relativ geringen Ertrag. Die Sorte „Stella“ eignet sich gut für Hausgärten und bringt süße saftige Früchte hervor. Die Sauerkirsche „Schattenmorelle“ ist eine selbstfruchtende Kirsche, die eingekocht werden kann und wegen des sauren Saftes nicht frisch verzehrt wird. Der Zuschnitt ist ähnlich wie bei Pflaumen. Kirschen leiden ebenfalls an der Silberblattkrankheit, weshalb im Sommer die befallenen Äste ausgeschnitten werden sollten.

Pfirsiche und Nektarinen

Sie lieben warme, geschützte Standorte, und werden am besten vor einer sonnigen Mauer als Spalierobst gepflanzt. Es sind anspruchsvolle Pflanzen, die besondere Aufmerksamkeit verlangen, und auch nur dann einen guten Ertrag bringen, wenn der Sommer warm ist. Im Falle eines Erfolgs sind jedoch die selbstangebauten Früchte exquisit. Die Früchte werden am Holz des letzten Jahres getragen, so dass jedes Jahr ein Teil des alten Holzes ausgeschnitten werden muss, um neues Wachstum zu fördern, das während seiner Entwicklung festgebunden werden muss. Wenn Frost droht, sind die frühen Blüten mit Vlies oder alten Netzvorhängen zu schützen. „Roter Ellerstädter“ und „Redhaven“ sind gute Pfirsichsorten, „Concettina®“ ist eine gute Nektarinensorte. Eines der Hauptprobleme mit diesen Früchten ist die Kräuselkrankheit, auch wenn es neue resistentere Sorten gibt, wie den Weinbergspfirsich.

Beerenobst

Es gibt eine große Gruppe an Obst, die verhältnismäßig bodennah wächst und deshalb vom Boden aus gepflegt und geerntet werden kann. Weil es eine sehr große Gruppe ist, gibt es viele verschiedene Variationen beim Anbau. Beerenobst ist nicht schwierig anzubauen, entwickelt sich aber nicht gut, wenn es vernachlässigt wird, so dass Sie eine Menge Zeit investieren müssen, um einen guten Ertrag zu erzielen.

Kauf eines gesunden Wurzelstocks

Alle Beerenfrüchte, und insbesondere Erdbeeren leiden unter vielen Schädlingen und Krankheiten, vor allem Viren. Fachbetriebe züchten Wurzelstöcke, die als vollkommen gesund zertifiziert sind. Sie sollten stets guten, zertifizierten Wurzelstock in einer bekannten Baumschule kaufen. Wenn Ihre eigenen Pflanzen gesund zu sein scheinen und guten Ertrag erzielen, können Sie diese vermehren, es ist aber dennoch ratsam alle paar Jahre neue Pflanzen hinzu zu kaufen. Kaufen oder akzeptieren Sie auf keinen Fall Wurzelstöcke unbekannter Herkunft.

Erdbeeren

Der Anbau eigener Erdbeeren verschafft Ihnen die Möglichkeit aromatischere Sorten anzubauen, als man oft im Laden bekommt. Diese wunderbare Frucht bringt mindestens drei Jahre lang gute Erträge, danach sollte sie entsorgt werden. Es ist eine sehr lohnende Feldfrucht, die größte und beste Früchte im Jahr nach dem Anbau trägt. Im zweiten Jahr ergibt die Pflanze einen größeren Ertrag an kleineren Früchten, der im dritten Jahr geringer wird.

PFLANZEN UND PFLEGEN VON ERDBEEREN – Erdbeeren lieben einen offenen sonnigen, leicht geschützten Standort. Sie wachsen auf nahezu jedem Boden, der gut durchlässig ist, bevorzugen aber einen leicht sauren Boden. Bereiten Sie den Standort durch Umgraben und Zugabe von organischen Stoffen und einer Düngung mit einem Grunddünger vor, bevor Sie anpflanzen. Wenn Sie genügend Platz für drei Reihen Erdbeeren haben, sollten Sie jedes Jahr eine Reihe neu bepflanzen. Da einige Schädlinge und Krankheiten im Boden schlummern, empfiehlt es sich die Neuanpflanzung an anderer Stelle vorzunehmen.

Im Gegensatz zu den meisten Früchten werden Erdbeeren am besten Mitte bis Ende des Sommers angepflanzt, um im darauffolgenden Jahr reiche Ernte zu tragen. Wenn Sie im Frühjahr pflanzen, müssen die Blüten entfernt werden, damit die Pflanzen keine Früchte tragen. Lassen Sie die Blüten auf keinen Fall stehen! Pflanzen Sie die Erdbeeren alle 45 cm flach in den Boden in Reihen im Abstand von 75 cm zueinander. Dann treten Sie den Boden fest und wässern ihn gut. Während der verbliebenen Zeit des ersten Standjahrs sind die Pflanzen zu wässern und von Unkraut frei zu halten. Die Pflanzen können Ableger hervorbringen, die lange weiche Triebe sind, so dass sich die Pflanze auf diese Weise vermehrt. In diesem Stadium sind die Ableger zu entfernen.

PFLANZEN UND PFLEGEN – Im nächsten Frühjahr ist der Boden mit Kalisulfat (30 g/m^2) zu düngen und der Dünger ist mit einem Rechen oder Hacke in den Boden einzuarbeiten. Gleichzeitig sind die Pflanzen in Ordnung zu bringen, indem die alten Blätter des vorherigen Jahres entfernt werden. Wenn das Wetter wärmer wird, treiben die Pflanzen aus und Mitte oder Ende des Frühlings erscheinen die ersten Blüten. Mulchen Sie die Pflanzen mit sauberem Stroh, das nicht nur die Feuchtigkeit speichern hilft, sondern auch die Früchte davor bewahrt, schlammig zu werden. Wässern Sie regelmäßig, wenn sich die Früchte entwickeln und heranreifen. Wenn die Ernte beendet ist, werden die Pflanzen zurückgeschnitten und altes Kraut, Ableger und das Stroh entfernt. Düngen Sie mit einem allgemeinen ausgewogenen Düngemittel und wässern die Pflanzen, damit neues Wachstum angeregt wird, und die Pflanzen auf das nächste Jahr vorbereitet sind.

Erdbeeren gedeihen auch in Behältern gut. Sie können dafür normale Blumentöpfe, herkömmliche Erdbeertöpfe, die mehrere Löcher an den Seiten haben, oder Pflanztaschen verwenden. Letztere sollten auf eine Unterlage über dem Boden gestellt werden, damit die Früchte herabhängen können. Auf diese Weise verhindern Sie, dass die Früchte von Nacktschnecken angefressen und durch Schlamm verunreinigt werden.

VERMEHRUNG VON ERDBEEREN – Suchen Sie im Frühsommer nach gesunden kräftigen Ablegern, die Sie in der Blumenerde in kleinen Töpfen verankern, die neben der Mutterpflanze aufgestellt werden. Halten Sie die Töpfe feucht, und nach vier oder fünf Wochen haben diese Austriebe Wurzeln gebildet und können von der Mutterpflanze abgetrennt werden. Entfernen Sie jegliche Austriebe, die sich an neuen Pflanzen gebildet haben. Die neuen Pflanzen können Mitte bis Ende des Sommers ausgepflanzt werden.

ERNTE – Warten Sie bis die Früchte ihre volle Farbe erreicht haben und pflücken Sie während der Erntesaison täglich. Pflücken Sie alle reifen Früchte und werfen Sie beschädigte weg, weil diese Krankheiten fördern.

EMPFOHLENE ERDBEERSORTEN

„Korona“ – *süßsäuerliche, aromatische Früchte mit gutem Geschmack*

„Polka“ – *mittelgroße, kegelförmige, stark glänzende Früchte mit süß bis süßsäuerlichem Geschmack*

„Mieze Schindler“ – *alte Sorte mit süßen, saftigen Früchten*

„Lambada“ – *hellrote, sehr aromatische Früchte, sehr süß*

„Honeoye“ – *ausgesprochen intensives Erdbeeraroma, frühe Erntezeit*

Früherdbeeren in Folientunneln

Mit Hilfe eines niedrigen Folientunnels kann ein früher Ertrag an Erdbeeren erzeugt werden. Dazu benötigen Sie gesunde Erdbeerpflanzen, die aus verpflanzten Austrieben des letzten Sommers stammen. Im späten Winter oder Vorfrühling wird die Reihe Erdbeeren mit einem niedrigen Folientunnel abgedeckt. Folientunnel werden aus halbkreisförmigen Reifen aus steifem Draht mit einem Dach aus Folie, die mit dünnen Drahtschlaufen befestigt ist, hergestellt. Der Folientunnel wird in der Erde an jedem Ende der Reihe verankert, die Seiten sind jedoch frei und können zur Belüftung und eventuellem Pflücken angehoben werden. Die Seiten sind während der Blütezeit anzuheben, damit eine Bestäubung möglich ist. Die Früchte reifen mehrere Wochen vor den ungeschützten heran.

SCHÄDLINGE UND KRANKHEITEN – Da Erdbeeren während der Reifezeit Vögeln und Nacktschnecken ausgesetzt sind, werden gegen Vögel am besten Netze gespannt und gegen Schnecken Fallen aufgestellt. Erdbeeren können von Blattläusen befallen werden, die Viren übertragen, gelegentlich werden sie auch von Spinnmilben heimgesucht. Bei feuchtem Wetter kann sich auf den Früchten grauer Schimmel bilden, der die Früchte verfaulen lässt. Entfernen und verbrennen Sie alle befallenen Früchte, sobald Krankheiten oder Schädlinge auftreten. Die Rote Wurzelfäule wird durch einen Pilz im Boden ausgelöst, der die Pflanze kollabieren lässt. Vernichten Sie befallene Pflanzen und bauen Sie an anderer Stelle neue an.

Himbeeren

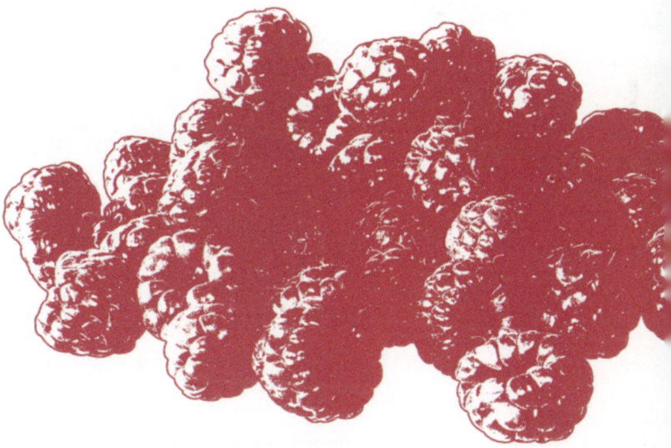

Dieses Obst wächst besser unter kühlen Bedingungen heran und da es spät blüht, ist es der Frostgefahr weniger ausgesetzt. Die Früchte reifen an hölzernen Schäften, die Ruten genannt werden. Jede Rute lebt zwei Jahre, wobei sie im ersten Jahr heranwächst und im zweiten Jahr Früchte trägt, bevor sie abstirbt.

ANPFLANZEN VON HIMBEEREN – Himbeeren können mindestens fünf Jahre produktiv sein, weshalb eine gute Bodenbearbeitung mit reichlich organischen Stoffen ratsam ist. Die Ruten tragen sich nicht selbst und benötigen deshalb ein Gerüst aus Pfosten und Draht. Verwenden Sie 2,4 m lange Holzpfosten, die am Ende jeder Reihe in den Boden gesteckt werden. Wenn die Reihe länger als 3 m ist, fügen Sie weitere Pfosten hinzu. Ziehen Sie drei galvanisierte Spanndrähte zwischen den Pfosten 75 cm, 1,2 m und 1,6 m über dem Boden. Diese Konstruktion wird erst benötigt, wenn die Pflanzen zu wachsen beginnen, aber es ist am einfachsten dieses Gerüst noch vor der Anpflanzung zu bauen.

Himbeerruten werden am besten in der Ruhezeit, also im Winter, im Abstand von 30-45 cm zueinander gepflanzt. Ein dichterer Abstand erfordert mehr Ruten, aber dadurch wird ein größerer Ertrag schneller erzielt. Pflanzen Sie die Ruten entlang der Reihe, wobei Sie die faserigen Wurzeln unmittelbar unter den Drähten ausbreiten. Wenn Sie Himbeerruten kaufen, sind diese bereits auf 30-45 cm gekürzt. Im Vorfrühling des nächsten Jahres sind sie auf ca. 15 cm zu kürzen. Das stimuliert die Produktion einer Anzahl junger starker Triebe, die im nächsten Jahr Früchte tragen werden.

REGELMÄSSIGE PFLEGE – Im ersten Standjahr müssen die jungen Ruten unkrautfrei gehalten und gut gewässert werden. Ein allgemeiner Dünger sollte im zeitigen Frühjahr des nächsten Jahres und in den folgenden Jahren angewandt werden. Wenn die Ruten wachsen, können sie an den Drähten mit ummanteltem Bindedraht festgebunden werden, dabei sollten die Ruten nicht enger als 10 cm zueinander stehen. Alternativ können Sie auch einen haushaltsüblichen Blumendraht verwenden, aber Sie müssen darauf achten, dass die Ruten nicht zu fest gebunden sind. Ruten, die über den obersten Spanndraht hinauswachsen, werden am Ende der Saison gekappt. Während der Zeit zwischen Blüte und Fruchtbildung müssen die Pflanzen gut gewässert werden, um sicherzustellen, dass die Früchte richtig anschwellen. Mulchen hilft, Feuchtigkeit zu binden und hält Unkraut fern.

ZUSCHNITT UND ERZIEHUNG – Nach der Ernte beginnen die ersten Ruten abzusterben und aus dem Boden schießt ein Bündel neuer junger Ruten. Der Zuschnitt kann im Spätsommer erfolgen, aber die meisten Gärtner finden es einfacher bis zum Winter zu warten und während der Ruhezeit zu stutzen. In diesem Stadium werden alle alten fruchttragenden Ruten zusammen mit schwachen und verformten bis zum Boden zurückgeschnitten. Die jungen Ruten werden dann im Abstand von 10 cm angebunden.

Am besten benutzt man in dieser Zeit eine Schnur, die am Ende der Reihe verankert wird. Man beginnt am obersten Draht. Eine geeignete Rute wird ausgewählt, zum Draht hin ausgerichtet und die Schnur um die Rute gewickelt, dann um den Draht geschlungen und weiter geht es zur nächsten Rute. Wiederholen Sie den Vorgang beim mittleren und unteren Draht. In einer guten Anpflanzung wird es einen Überschuss an Ruten geben, und alle verbliebenen unerwünschten Ruten sind dann bis zum Boden abzuschneiden. Sie können unerwünschte Ruten auch vorsichtig ausgraben und als Wurzelstock für eine neue Anpflanzung verwenden.

Remontierende Himbeeren
(Herbsthimbeeren)

Die meisten Himbeeren tragen Früchte im Sommer, aber einige tragen auch im Herbst an den diesjährigen Ruten. Sie werden im Frühling stark zurückgeschnitten und die kräftigen neuen Ruten brauchen im Allgemeinen keine Stütze. Ansonsten benötigen sie die üblichen Bedingungen. Sie produzieren einen lohnenswerten Ertrag zu einer sinnvollen Jahreszeit.

ERNTE – Himbeeren reifen an der Pflanze und müssen sehr vorsichtig gehandhabt werden. Die Frucht wird gepflückt, aber die Fruchtachse und der Stiel müssen an der Pflanze bleiben. Seien Sie immer sehr vorsichtig.

EMPFOHLENE HIMBEEREN

"Aroma Queen" – *aromatische süßliche Früchte mit Waldhimbeeraroma, herbsttragend und an einjährigen Ruten fruchtend*

„Schönemann" – *sommertragende Gartenhimbeere mit Früchten von Juli bis August, wohlschmeckendes Aroma*

„Malling Promise" – *Sommerhimbeere mit aromatischen großen dunkelroten Beeren ab Juni*

„Himbostar®" – *mittelfrühe ertragreiche Sorte mit roten, süßsäuerlichen Beeren*

SCHÄDLINGE UND KRANKHEITEN – Die Früchte sollten mit einem Netz bedeckt werden, weil sonst Vögel angelockt werden. Madige Früchte werden durch den Himbeerkäfer verursacht. Die Früchte müssen, wenn sie gerade rosa werden, gegen den Käfer besprüht werden. In einer nassen Saison kann die Frucht von Botrytis befallen werden, und beginnt dann zu faulen. Die Himbeerrutenkrankheit wird durch einen Pilz verursacht, der zum Absterben der Ruten führt.

Brombeeren und Hybride

Dazu gehören die Loganbeere, die Taybeere und eine Reihe anderer, weniger bekannter Beeren wie die Boysenbeere und die japanische Weinbeere. Sie alle fruchten auf langen peitschenförmigen Ruten, die im zweiten Jahr Früchte tragen und dann absterben.

PFLANZEN UND PFLEGEN – Der Boden ist gründlich vorzubereiten und die Pflanzung erfolgt im Winter. Die Pflanzen werden in einem Abstand von mindestens 1,8 m in Reihen mit gleichem Abstand gesetzt. Im Vergleich zu Himbeeren wuchern Brombeeren wesentlich mehr und haben zudem gemeine Stacheln. Sie müssen an Drähten oder Gerüsten erzogen werden, damit die Früchte einfacher zu erreichen sind. Pfähle und Draht können wie bei Himbeeren verwendet werden,

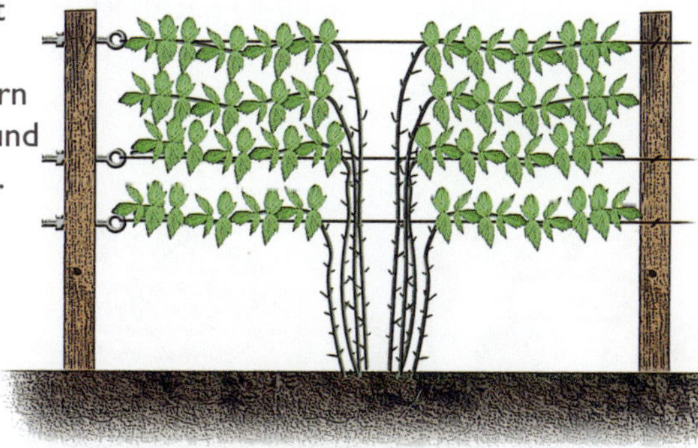

jedoch sollten die horizontalen Drähte 30 cm voneinander entfernt angebracht werden. Die langen schwankenden Ruten werden angebunden und horizontal erzogen, wenn sie wachsen. Gibt es mehr Ruten als Drähte, können mehrere Ruten auf jeder Ebene angebunden werden.

Die alten Ruten werden, nachdem sie Früchte getragen haben, ausgeschnitten und die neuen jungen erzogen. Während des Wachstums im Sommer können die jungen Ruten lose angebunden werden um Schaden zu verhindern, und um sie dann endgültig in Form zu erziehen, wenn die Ruten des Vorjahrs entfernt wurden. Ansonsten ist die Pflege ähnlich der von Himbeeren.

VERMEHRUNG – Alle diese Beeren können durch Absenker vermehrt werden. Dabei wird die Spitze eines wachsenden Triebs im Sommer eingegraben. Es bilden sich Wurzeln und ein neuer Trieb entwickelt sich. Ist er etabliert, kann er von der Mutterpflanze getrennt und an einem neuen Standort gepflanzt werden.

EMPFOHLENE BEEREN

„Black Satin“ – *stachellose Brombeere mit großen attraktiven Früchten*

„Wilsons Frühe“ – *im Juli reifende Brombeere mit kleinen, festen Früchten*

„Loganbeere“ (Kreuzung aus Brom- und Himbeere aus den USA) – *Rankpflanze mit großen brombeerartigen leckeren Früchten*

„Buckingham Taybeere“ – *himbeerähnliche Früchte mit süßsäuerlichem Geschmack*

„Japanische Weinbeere “ – *stark wachsende Pflanze mit behaarten Kronblättern und säuerlich schmeckenden Früchten*

SCHÄDLINGE UND KRANKHEITEN – Diese Früchte leiden ebenfalls unter dem Himbeerkäfer, unter Vögeln und Botrytis.

Schwarze Johannisbeeren

Schwarze Johannisbeeren sind eine einfach anzubauende wertvolle Feldfrucht, die reichen Ertrag liefert. Sie wird fast ausschließlich zum Kochen und Einmachen angebaut, weil sie frisch genossen zu sauer ist. Die Jostabeere, eine erfolgreiche Kreuzung aus Stachelbeere und schwarzer Johannisbeere, hat große schwarze Beeren und ist eine Verbesserung der früheren Worcesterbeere.

PFLANZEN – Wählen Sie einen sonnigen, geschützten Standort und bereiten Sie den Boden auf normale Weise vor. Schwarze Johannisbeeren werden am besten im Winter während der Ruhezeit als Büsche gepflanzt. Normalerweise sind ein- oder zweijährige Pflanzen erhältlich. Pflanzen Sie sie im Abstand von 1,2-1,5 m, wobei die Oberkante des Topfballens 5 cm mit Erde bedeckt wird. Sie können am Stamm normalerweise erkennen, wie tief der Strauch zuvor gepflanzt war. Nach dem Pflanzen sind die Büsche auf 5 cm über dem Boden zurückzuschneiden, um neues kräftiges Wachstum zu fördern.

PFLEGE – Im ersten Standjahr sind die Beeren unkrautfrei zu halten und während trockener Perioden gut zu wässern. Eine zusätzliche Düngergabe im Frühsommer fördert kräftiges Wachstum. Am Ende des ersten Standjahrs ist nur wenig Zuschnitt erforderlich, doch schwache, übereinanderstehende oder beschädigte Triebe sollten bis zum Boden zurückgeschnitten werden.

ZUSCHNITT – Etablierte schwarze Johannisbeersträucher brauchen jedes Jahr einen Zuschnitt. Der kann im Sommer erfolgen, nachdem die Früchte gepflückt wurden oder erst im Winter, wenn die Struktur des Strauchs leichter zu erkennen ist. Jedes Jahr sollten 25-30 % der älteren fruchttragenden Zweige ausgeschnitten werden. Auch wenn einzelne Zweige einige Jahre lang Früchte tragen, ergeben die jüngeren Zweige eine bessere Qualität und höhere Erträge. Ein Entfernen der alten Zweige fördert das Nachwachsen junger Zweige aus dem Boden. Sie sollten auch langsam wachsende, übereinanderstehende und schwache Triebe entfernen.

ERNTE – Der erste Ertrag erscheint in der zweiten Saison. Schwarze Johannisbeeren, die in Trauben am Strauch hängen, sollten gepflückt werden, wenn die Mehrheit der Beeren reif ist. Einige Züchter schneiden zur gleichen Zeit alle älteren Triebe aus, die Früchte tragen, um sie dann im Haus zu bearbeiten.

VERMEHRUNG – Schwarze Johannisbeeren können leicht vermehrt werden, indem 25 cm der Hartholzschnitte von einjährigen Trieben im Herbst als Stecklinge verwendet werden. Vergewissern Sie sich, dass Sie nur gesunde, sehr ertragreiche Büsche vermehren. Sie können auch eine Gruppe von drei Stecklingen dort einpflanzen, wo Sie einen neuen Busch haben wollen.

EMPFOHLENE SCHWARZE JOHANNISBEEREN

Schwarze Säulen-Johannisbeere „Kieroyal®“ – *lieblich-würzige, an Weintrauben erinnernde schwarze Johannisbeere mit gutem Ertrag*

Gärtner Pötschkes schwarze Johannisbeere – *starkwüchsige große Krone mit zahlreichen Trauben*

„Titania®“ – *pralle, saftige Beeren in üppigen Trauben, trägt bereits im dritten Standjahr bis zu 5 kg Beeren*

SCHÄDLINGE UND KRANKHEITEN – Schwarze Johannisbeeren leiden unter Blattläusen, Frostspannerraupen und Vögeln. Sie werden zudem von der Gallmilbe befallen, die große runde, deformierte Knospen verursacht. Diese Milbe überträgt zudem die Brennnesselblättrigkeit. Entfernen Sie alle infizierten Zweige und, wenn erforderlich, die ganzen Sträucher.

Rote und weiße Johannisbeeren

Auch wenn sie weniger angebaut werden, sind sie dennoch sehr angenehme und leicht anzubauende Sommerfrüchte. Beide sind süßer als die schwarzen Johannisbeeren und können frisch genossen, aber auch zum Kochen oder Einmachen verwendet werden.

PFLANZUNG – Es gibt keine Zertifizierung bei den Pflanzen, nichtsdestotrotz sollten Sie eine gesunde Pflanze aus einer bekannten Baumschule kaufen. Sie ist während der Ruhezeit einzusetzen, wobei darauf zu achten ist, dass die Sträucher 1,2-1,5 m voneinander entfernt sind. Der Topfballen muss nicht tiefer gesetzt, sondern auf dem gleichen Niveau wie zuvor gehalten werden. Ein anfänglicher Zuschnitt entfernt alle niedrigen

Zweige, um eine offene kelchförmige Krone mit deutlichen Hauptzweigen zu erhalten. Von den verbliebenen Trieben ist ein Drittel der Spitzen zu entfernen, wobei ein nach außen weisendes Auge (Knospe) an der Spitze eines jeden Zweigs stehenbleibt.

PFLEGE – Regelmäßiges Unkraut jäten, düngen, mulchen und wässern. Bei trockenem Wetter sind die Aufgaben wie bei allen anderen Beerenfrüchten.

ZUSCHNITT – Auch wenn rote und weiße Johannisbeeren unter ähnlichen Bedingungen wie die schwarze Johannisbeere gedeihen, ist der Zuschnitt und die Erziehung völlig unterschiedlich. Sie behalten ein Leben lang ein bestimmtes Gerüst aus Zweigen. Sie können daher diese Sträucher auch als Büsche oder auch Schnurbaum oder Hochstamm erziehen. Schnurbäume (Sträucher) werden wie ein Strauch mit einem Hauptstamm behandelt. Alle Seitentriebe werden jedes Jahr abgeschnitten. Hochstämme sind wie ein Strauch auf einem Bein. Während der kommenden Jahre ist darauf zu achten, dass die Mitte des Strauchs offen bleibt und neues Wachstum zur Seite geleitet wird. Die kleinen Seitentriebe tragen die Früchte. Seitentriebe müssen auf ein oder zwei Augen gekürzt werden, um die Triebbildung zu fördern. In späteren Jahren müssen die komplexen Triebe ausgedünnt werden.

ERNTE – Das kann wegen der kleinen Größe der Früchte eine umständliche Arbeit sein. Warten Sie bis die meisten Früchte reif sind und pflücken Sie dann die ganze Traube ab, am besten mit einer Schere. Die Früchte können dann mit einer Gabel von der Traube abgestreift werden.

EMPFOHLENE WEISSE UND ROTE JOHANNISBEEREN
„Rovada®" – *dunkelrot, vollsaftig, weintraubenähnlich, sehr ertragreich*
„Weiße Versailler®" – *süßsäuerliche Früchte, für den Frischverzehr geeignet.*
„Junkeer van Tets®" – *rote Johannisbeere, die bereits im ersten Jahr nach der Pflanzung Früchte trägt*

SCHÄDLINGE UND KRANKHEITEN – Johannisbeeren leiden unter Blattläusen, vor allem unter der Johannisbeerblasenlaus, die rötliche, wie Blasen aussehende Blattverformungen verursacht. Läuse leben auf der Blattunterseite, so dass direkt dorthin gesprüht werden muss. Vögel fressen nicht nur die Früchte, sondern auch die Winterknospen. In feuchten Sommern kann sich an den Früchten Botrytis entwickeln, und Triebe können vom zinnoberroten Pustelpilz befallen werden, der auf den toten Trieben auftritt und sich auf lebende Gewebe ausbreiten kann.

Stachelbeeren

Diese traditionelle Frucht wurde hoch geschätzt und wurde intensiv für den Wettbewerb angebaut. Sie wird hauptsächlich in der Küche verwendet, doch bei voller Reife kann sie sehr saftig sein.

PLFANZUNG UND PFLEGE – Sie ist ähnlich wie rote Johannisbeeren zu behandeln. Sie kann zu Sträuchern, als Hochstamm oder als Schnurbaum erzogen werden. Da die Zweige mit gemeinen Dornen besetzt sind, ist es besonders wichtig, eine offene Form beim Zuschnitt anzustreben, um leichteren Zugang zu den Früchten beim Pflücken zu haben.

ERNTE – Unreife Früchte können zum Einkochen geerntet werden, oder ein Teil der Früchte wird am Strauch belassen, bis er reif ist. Wie jedes Beerenobst, machen sich Vögel gern über die Früchte her, wenn diese reifen.

EMPFOHLENE STACHELBEEREN

„Invicta" – *grüne, mittelgroße Früchte, widerstandsfähig gegen Mehltau, ertragreich*

„Remarka" – *rotschalige Sorte mit früher Reifung, muss mehrmals durchgepflückt werden*

„Rokula" – *früh reifende große Beeren von mittelroter Farbe, mit gutem Geschmack und Aroma*

„Pax®" – *ideale Sorte für den Hausgarten, widerstandfähig gegen Krankheiten, ertragreich*

SCHÄDLINGE UND KRANKHEITEN – Im Winter können Vögel Schaden an den Knospen anrichten und Mehltau kann das ganze Laub im Sommer vernichten. Die Sägewespenlarven sind wie kleine Raupen und fressen die Blätter vollkommen kahl, wenn sie nicht bekämpft werden. Der Anbau in einem mit Netzen bespannten Gerüst könnte kontraproduktiv sein, weil Vögel, die die Larven fressen, ausgeschlossen werden.

Rhabarber

Da er als süßes Dessert zubereitet wird, gilt Rhabarber als Obst, aber in Wirklichkeit ist es ein Stielgemüse, eine mehrjährige Staude, die nach nur wenigen Jahren ihren Ertragshöhepunkt erreicht und dann bis zu fünf Jahre geerntet werden kann. Es lohnt sich gute, namhafte Sorten als Setzlinge zu kaufen, um eine gute Feldfrucht zu bekommen.

PFLANZUNG – Rhabarber sollte im Winter, wenn die Knospen ruhen oder im Frühling mit im Topf gezogenen Pflanzen eingesetzt werden. Bereiten Sie den Boden normal vor und setzen die Pflanzen im Abstand von 90 cm zueinander ein. Regelmäßiges Wässern und Düngen sorgt für kräftige Pflanzen. Entfernen Sie Stengel, die Blütenansätze zeigen.

Rhabarber lässt man bis zur Frühsommerernte wachsen, Sie können aber auch einen Eimer darüberstülpen und rundum mit Stroh abdecken, wenn Sie eine Ernte im zeitigen Frühling erzwingen wollen. Das sollten Sie aber nicht bei neu gepflanzten Stauden oder zwei Jahre hintereinander machen.

ERNTE – Sie ist ab Mitte des Frühlings bis zum Frühsommer möglich. Entfernen Sie bei der Ernte niemals die Blätter und hören Sie mit der Ernte Mitte des Sommers auf, damit die Pflanze Kräfte für das nächste Jahr sammeln kann. Bedenken Sie, dass die grünen Blätter giftig sind und nur die roten Schäfte verzehrt werden können.

EMPFOHLENER RHABARBER

„Holsteiner Blut" – *rote Blattstiele mit grünlichrot durchzogenem Fruchtfleisch von guter Qualität*

„Elmsfeuer" – *innen und außen rot gefärbt, ertragreich, mild-säuerliches Aroma*

„Esta" – *starkwüchsige, grünfleischige Sorte, mit langen, dicken Stengeln, die außen rot und innen grün sind*

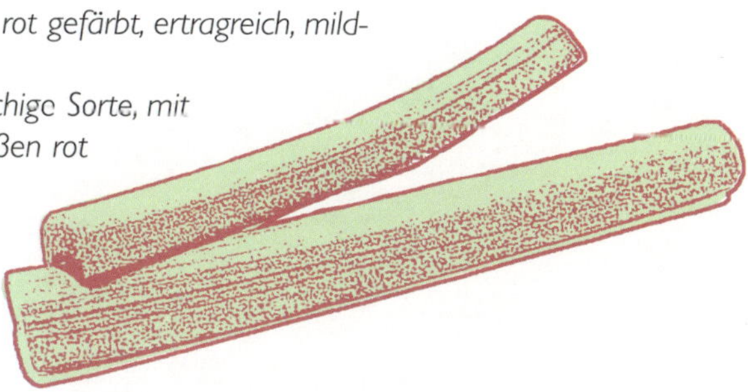

SCHÄDLINGE UND KRANKHEITEN – Rhabarber ist im Allgemeinen problemlos, ältere Pflanzen können von der Rhabarbermosaikkrankheit befallen werden, die leicht an den sich teilweise gelblich verfärbenden Blättern zu erkennen ist.

Gewächshäuser und Folientunnel

Gewächshäuser und Folientunnel sind wertvolle Ergänzungen für Obst- und Gemüsebeete. Hier können Sie Ihre eigenen Gemüsepflanzen züchten und bereits früh außerhalb der Saison Feldfrüchte produzieren. Sie können auch zartes Gemüse ziehen, wie Tomaten und Gurken, und Früherdbeeren oder Pfirsiche und Nektarinen anbauen. Außerdem macht es Spaß bequem zu gärtnern, wenn das Wetter draußen scheußlich ist!

Folientunnel

Zweifellos sind sie ein günstiges Mittel, um Schutz zu bieten. Folientunnel werden aus Reifen galvanisierten Stahls hergestellt, die miteinander verbunden werden, um eine halbkreisförmige Tunnelform zu bilden. Eine große Folie wird straff über die gesamte Struktur gezogen und in einem Graben am Boden verankert. Wählen Sie einen guten, starken Tunnel, da der Wind bei dünnen Strukturen zum Problem werden kann. Decken Sie einen Folientunnel immer an einem warmen Tag ab, da die Folie dann weich ist und sich fest über den Rahmen spannen lässt. Normalerweise gibt es einfache Türen an einem oder an beiden Enden, die auch zur Belüftung dienen.

Folientunnel bieten einen begrenzten Schutz für Feldfrüchte wie Tomaten und Erdbeeren oder für die Produktion von Gemüsepflanzen im Frühling. Folientunnel verlieren im Winter schnell an Wärme und heizen sich im Sommer übermäßig auf, weshalb vorsichtig damit umzugehen ist. Die Folie hält meist für zwei bis drei Jahre, muss dann aber ausgetauscht werden. Es besteht immer das Risiko, dass die Folie einreißt, was leicht passieren kann, so dass eine Windbö die ganze Struktur aufreißen und den Schutz binnen Minuten vernichten kann.

Gewächshäuser

Gewächshäuser sind verhältnismäßig günstig und wesentlich nützlicher und haltbarer als Folientunnel. Kaufen Sie sich ein großes Gewächshaus, wenn Sie es sich leisten können und es in Ihren Garten passt – es erleichtert die Temperaturkontrolle und Sie müssen den Platz bedenken, den Sie brauchen werden, wenn Ihr Interesse wächst. Das kleinste machbare Gewächshaus misst 1,8 x 2,4 m.

In der Vergangenheit waren Gewächshäuser mit Gartenblankglas versehen, das billig, aber leicht zerbrechlich war. Für den Hausgarten, vor allem wenn Kinder da sind, lohnt es sich härteres Glas zu wählen. Plexiglas® Stegdoppelplatten sind in diesem Fall zu empfehlen.

Ein gutes Gewächshaus muss hoch genug sein, um darin stehen zu können, ohne sich den Kopf anzustoßen. Die Tür sollte breit genug sein, um mit einer Schubkarre hindurch zu gelangen und an den Enden und Ecken gut versteift sein, um Wind standzuhalten. Vor allem muss es eine gute Belüftung mit zu öffnenden Fenstern auf beiden Seiten des Dachs und den Seitenwänden haben. Automatische Fensteröffner sind einfache Vorrichtungen, die an warmen Tagen automatisch die Fenster öffnen und sind die Extraausgabe wert, vor allem wenn sich das Gewächshaus in einem Schrebergarten und nicht in Ihrem eigenen Garten befindet.

Gewächshäuser brauchen sonnige Standorte. Vermeiden Sie windige Plätze, und stellen Sie das Glashaus mit der Längsseite nach Süden gerichtet auf. Ein Standort in der Nähe des Hauses ist von Vorteil, vor allem wenn Sie Strom und Wasser anschließen wollen.

Einige Gewächshäuser haben vorgefertigte oder integrierte Basen, so dass sie kein dauerhaftes Fundament brauchen. Sie müssen nur auf eine feste und ebene Grundlage gestellt werden. Vorzugsweise ist ein Beton- oder Ziegelfundament bei weitem das Beste und trägt dazu bei, dass sich das Glashaus mit der Zeit nicht verschiebt. Die meisten Gewächshäuser sind leicht aufzubauen, es gibt aber auch Lieferanten, die den Aufbauservice anbieten. Beim Umgang mit Glas sollten Sie stets robuste Lederhandschuhe tragen.

Heizen eines Gewächshauses

Ein ungeheiztes Gewächshaus ist sicherlich von einigem Wert, wenn Sie Ihren Pflanzen Schutz bieten wollen und Salate und Kohlgemüse früher ernten wollen. Der wirkliche Vorteil eines Gewächshauses kommt erst dann zum Tragen, wenn Sie ein Heizsystem einrichten, mit dem Sie das Treibhaus oder den Folientunnel frostfrei halten können. Das ist nicht das ganze Jahr über erforderlich, wohl aber in den Frühlingsmonaten, wenn Sie junge Pflanzen züchten.

Elektrische Heizungen für Gewächshäuser sind möglich und bieten den Vorteil der thermostatischen Regelung. Bedenken Sie jedoch, dass alle elektrischen Einrichtungen von einem Fachmann ausgeführt werden müssen, vor allem in einem Gewächshaus, in dem sich Wasser in unmittelbarer Nähe zu elektrischen Anlagen befindet. Es gibt auch Petroleumöfen, die billig sind, aber den Nachteil haben, dass sie nicht geregelt werden können und außerdem häufig aufgefüllt werden müssen. Sie können auch giftige Gase ausstoßen. Heizen mit Gasflaschen ist eine ausgezeichnete Option, die nicht zu teuer ist und mitunter einen thermostatischen Regler aufweist. Sie können sogar ein Umstellventil bekommen, das zwei Gasflaschen bedient, so dass, wenn eine leer ist, die andere verwendet wird.

Gewächshauseinrichtung

Einige Stufengestelle sind in einem Gewächshaus immer nützlich, weil durch sie kleinere Pflanzen auf Arbeitshöhe gestellt werden können. Der Boden ist immer am kältesten, deshalb sollten junge Pflanzen besser weiter oben hingestellt werden. Ideal ist ein Stufengestell, das entfernt werden kann, so dass Sie eine Sommerfeldfrucht auf Bodenhöhe züchten können, wie beispielsweise Tomaten. Ein Regal zum Abstellen von Blumentöpfen oder Blumenerde ist recht praktisch, muss aber nicht unbedingt im Gewächshaus stehen, sondern kann auch in einem angrenzenden Schuppen untergebracht werden.

Zur Samenanzucht, vor allem von empfindlichen Sorten wie Tomaten, Gurken und Zuckermais, empfiehlt sich ein kleiner elektrisch beheizter Anzuchtkasten. Wenn es keine Elektrizität im Gewächshaus gibt, ist es einfacher einen solchen Anzuchtkasten auf ein Fensterbrett im Haus zu stellen, und dann ins Gewächshaus zu bringen, wenn die Samen gekeimt haben.

Eine saubere Gießkanne wird benötigt, doch wenn sehr viele Pflanzen gezüchtet werden, geht das Wässern schneller mit einem Schlauch mit Brauseauslauf. Unter keinen Umständen sollten Sie Wasser aus einer Regentonne verwenden. Das ist meistens mit verschiedenen Pflanzenkrankheiten belastet. Es ist ein Irrglaube, dass Regenwasser immer besser ist! Weitere Ausrüstungsgegenstände sind saubere Töpfe, Schalen, Kompost, Pflanzetiketten, ein kleine Schaufel und ein Gartensieb.

Gewächshaus-Management

Die Betreuung eines Gewächshauses ist recht unkompliziert, muss aber bestimmt und regelmäßig erfolgen. Die meisten Feldfrüchte, die im Freiland wachsen, können ohne größere Probleme ein paar Tage oder sogar Wochen sich selbst überlassen werden, doch Gewächshäuser erfordern tägliche Aufmerksamkeit, und zwar das ganze Jahr über. Bestimmte automatische Anlagen sind möglich, doch auch sie müssen überwacht und überprüft werden.

Ein Gewächshaus zu führen dient vor allem dazu, eine ideale Umgebung für die Pflanzen zu schaffen, die Sie anbauen. Zunächst muss die Temperatur so gleichmäßig wie nur möglich eingestellt werden. Das bedeutet sicherzustellen, dass die Heizung nachts effektiv funktioniert und dass an warmen Tagen die Lüftungsklappen rechtzeitig geöffnet werden. Ein geschlossenes Gewächshaus kann an Sommertagen bereits früh sehr schnell sehr heiß werden. Unbeheizte Gewächshäuser erfordern besondere Aufmerksamkeit. Ein Gewächshaus fängt die Sonnenwärme ein, weshalb es ratsam ist am späten Nachmittag oder frühen Abend die Lüftungsklappen zu schließen, um die Wärme nicht entweichen zu lassen.

Im Sommer ist es angebracht, das Gewächshaus zu beschatten, um übermäßig warme Temperaturen zu vermeiden. Das kann mit zweckmäßigen Schattierungsgeweben, Kunststoffmatten oder einer Spezialfarbe erreicht werden, die im Winter wieder abgewaschen werden kann. Verwenden Sie niemals Dispersionsfarbe, denn sie ist dauerhaft!

Feuchtigkeit ist ebenfalls von Bedeutung und hängt von den Feldfrüchten ab, die Sie züchten. Gurken werden beispielsweise in einer feuchteren Umgebung gezogen als Tomaten. Feuchtigkeit kann leicht erhöht werden, wenn der Boden des Gewächshauses mit einem Schlauch besprengt wird.

Das Besprengen ist auch sehr nützlich, wenn das Gewächshaus bei sehr heißem Wetter abgekühlt werden soll. Im Winter ist dagegen eine trockenere Atmosphäre wünschenswert, die durch einen geöffneten Spalt der Lüftungsklappen je nach Wetterlage erreicht werden kann. Dadurch wird auch die Ansammlung von Feuchtigkeit verhindert, die oftmals in Krankheiten wie Grauschimmelfäule (Botrytis) am Wintersalat resultiert.

Licht ist für Pflanzen lebensnotwendig und ohne ausreichendes Licht können Pflanzen nicht wachsen. Selbst wenn Sie Ihr Gewächshaus im Winter beheizen, können Pflanzen nicht wachsen, wenn sie nicht genügend Licht bekommen. Das bedeutet, dass die Gläser des Gewächshauses auch im Winter gereinigt werden müssen, damit ein Maximum an Sonnenstrahlen Ihre Pflanzen erreicht.

Besonders wichtig sind die Wassergaben, die Pflanzen ausreichend Wasser spenden, ohne sie zu ertränken. Im Allgemeinen werden mehr Pflanzen durch zu viel als durch zu wenig Wasser vernichtet. Bei Pflanzen in Behältern oder Kübeln sollten Sie stets warten, bis die Blumenerde trocken aussieht oder sich so anfühlt, und erst dann jeden einzelnen Topf gründlich wässern. Das kann Mitte des Sommers täglich erforderlich sein, aber weniger als einmal pro Woche im Winter. Pflanztaschen brauchen vor allem regelmäßiges Wässern, da der Anteil der Blumenerde in ihnen sehr gering ist. Kunststoffringe können die Tiefe der Blumenerde in Pflanztaschen vergrößern und gleichzeitig die Wassergaben regeln. Feste Regeln für das Wässern gibt es nicht, weshalb Sie den Wasserbedarf einer jeden Pflanze selbst beurteilen müssen.

Hygiene ist in einem Gewächshaus von großer Bedeutung. Schädlinge oder Krankheiten können sich in dem geschlossenen Klima sehr schnell ausbreiten. Vergewissern Sie sich, dass alle Töpfe, Schalen und Ausrüstungsgegenstände peinlich sauber sind. Verstauen Sie nichts unter den Gestellen, da dies unweigerlich zu Unordnung führt und ein Versteck für Schädlinge sein kann. Einmal pro Jahr ist das Gewächshaus gründlich innen und außen abzuwaschen, am besten mit einem Gartendesinfektionsmittel.

Pflanzenanzucht

Viele Gemüsearten profitieren von einer Anzucht unter Glas, bevor sie ins Freiland kommen. Ein Gewächshaus bietet eine bessere Kontrolle der Bedingungen und Pflanzen können unter Glas früher gezogen, was ihnen einen Vorsprung bei den Erträgen verschafft. Für die meisten Gemüsesorten gelten die gleichen Verfahrensweisen.

Kleine Samen wie die von Salat, Sellerie, Tomaten und Kohlgewächsen sollten in Pflanzschalen ausgesät werden und eine dünne Lage gesiebter Blumenerde sollte sie bedecken. Verwenden Sie gute Anzuchterde oder eine Allzweckblumenerde. Bedecken Sie die Schalen mit Glas und Zeitung oder einer schwarzen Folie, und stellen Sie sie an eine Stelle mit geeigneter Temperatur. Empfindliche Pflanzen wie Tomaten, brauchen einen beheizten Anzuchtkasten mit einer Temperatur von ca. 21 °C. Robustere Gemüsesorten vertragen es kühler. Größere Samen wie die von Zuckermais, Zucchini oder Gurken können einzeln ausgesät werden. Jeweils zwei Samen werden in einen 9 cm Topf mit Allzweck- oder Blumenerde gelegt und mit schwarzer Folie zugedeckt. Sie keimen bei 21 °C. Schauen Sie täglich nach, ob gegossen werden muss und entfernen Sie die Abdeckung, sobald sich Keime zeigen.

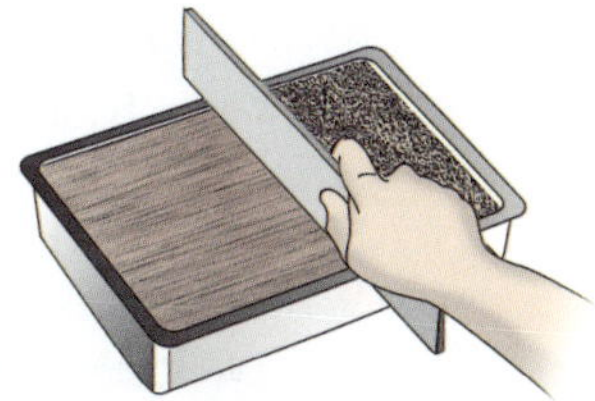

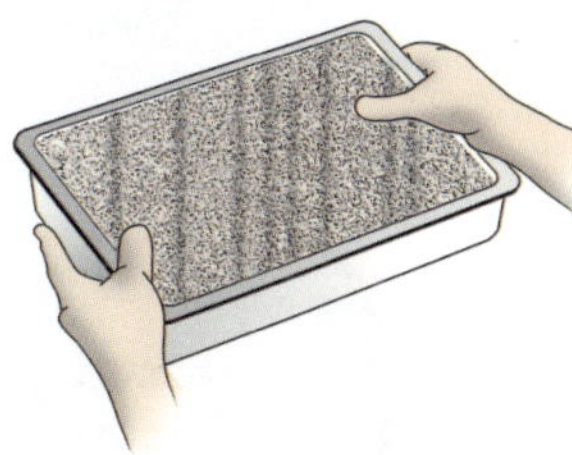

Kleinere Samen werden in Schalen ausgesät und danach in größere Behälter pikiert. Sie können Anzuchtschalen verwenden, die 35 bis 48 Keimlinge aufnehmen, oder Treibhaus-Topfplatten oder einzelne Töpfe. Nehmen Sie die Keimlinge nur beim Keimblatt und setzen Sie sie an dem neuen Standort vorsichtig ein, drücken die Erde leicht fest und gießen danach ordentlich. Bei Samen, die Sie einzeln ausgesät haben, wird der schwächere Keimling entfernt, falls beide Samen keimten. Züchten Sie junge Pflanzen in heller Umgebung bei einer angemessenen Temperatur im Hinblick auf den Ertrag. Robuste Gemüse wie Salat oder Kohlgemüse können in kühler Umgebung ohne zusätzliche Heizung gezogen werden. Empfindliche Gemüse wie Tomaten, Zucchini, Zuckermais, Buschbohnen und Gurken müssen zumindest frostfrei, aber am besten bei einer Temperatur von 12°C gezogen werden.

Treibhaustomaten

Hier handelt es sich wahrscheinlich um das häufigste in Gewächshäusern angebaute Gemüse, aber auch um das dankbarste, wenngleich die Tomate Obst und kein Gemüse ist. Selbst angebaute Tomaten haben wesentlich mehr Geschmack und Aroma als gekaufte und sind immer gern gesehen. Es gibt eine große Palette an erhältlichen Sorten und natürlich die allseits bekannten, aber auch gelbe, purpurfarbene sowie verschiedene Größen und Formen, von winzigen Datteltomaten bis hin zu großen Fleischtomaten. Der Anbau in einem Gewächshaus ermöglicht eine bessere Kontrolle der Bedingungen und deshalb auch eine frühere und reichere Ernte.

Tomatenpflanzen können von jedem Gartenzentrum im Frühjahr und Frühsommer bezogen werden, aber wenn Sie ein beheiztes Gewächshaus haben, können Sie sie selbst aus Samen ziehen. Sie können dann genau wählen, welche Sorte Sie anbauen wollen. Doch Sie müssen sich sicher sein, dass eine adäquate Temperatur beibehalten werden kann.

AUSSAAT UND VERMEHRUNG – Im Vorfrühling sollten die Samen in einem warmen Anzuchtkasten bei ca. 21°C ausgesät werden. Wenn sich die Keimblätter entwickelt haben, sind die Sämlinge zu pikieren, und jeder Sämling ist in einen 9-10 cm Topf mit guter Blumenerde zu pflanzen. Stellen Sie die Pflanzen in einem hellen Bereich mit einer Temperatur von ca. 16°C auf. Wenn sie zu wachsen beginnen, verteilen Sie die Töpfe, damit sie nicht zu dicht stehen. Die Pflanzen können weiter verpflanzt werden, wenn sie 20-30 cm hoch sind und Blütenansätze zeigen.

PFLEGE – Sie können Tomaten in der Erde des Gewächshauses einsetzen, wenn sie vorher dort noch nie gepflanzt waren. Schädlinge und Krankheiten können sich schnell ansammeln, weshalb in den nächsten Jahren dieser Platz nicht mehr für Tomaten genutzt werden sollte. Alternativ können Sie große Töpfe mit Blumenerde oder Pflanztaschen verwenden. Diese werden flach ausgelegt und zwei oder drei Löcher in die Oberfläche eingefügt, in die die Tomaten gepflanzt werden. Auch der Boden der Taschen muss mit Löchern versehen werden, damit überschüssiges Wasser ablaufen kann. Pflanztaschen sind recht erfolgreich, müssen aber bei heißem Wetter sehr oft gewässert und stark gedüngt werden.

Wenn Sie Tomaten in einem unbeheizten Gewächshaus anbauen, dann nicht vor Ende des Frühjahrs. Wenn Sie Pflanzen kaufen, statt welche aus Samen zu ziehen, dann sehen Sie sich nach stämmigen, robusten kleineren Pflanzen um, und weniger nach hochgewachsenen. Verteilen Sie die Pflanzen im Gewächshaus, damit sie sich akklimatisieren können, bevor sie eingepflanzt werden. Die ideale Temperatur liegt bei 16°C. Lüften Sie gegebenenfalls das Gewächshaus an warmen Tagen, damit es sich nicht zu sehr aufheizt. Wenn Sie nur Tomaten im Gewächshaus anbauen, ist eine Schattierung nicht erforderlich, außer der Sommer ist besonders heiß.

STÜTZEN UND ERZIEHEN – Die meisten Treibhaustomaten sind hohe Pflanzen, die korrekt als Stabpflanzen bezeichnet werden und daher abgestützt werden müssen. In Töpfen oder am Rand können Stangen verwendet werden, doch in Pflanztaschen ist die Sache schwieriger. Sie können als Alternative am Dach des Gewächshauses Schnüre über den Pflanzen aufhängen und sie daran anbinden. Das untere Ende der Schnur wird locker um die Basis der Pflanze geschlungen, die sich um die Schnur rankt, sobald sie anfängt zu wachsen.

Treibhaustomaten sind auf einen Stamm begrenzt, so dass alle Seitentriebe entfernt werden müssen, sobald sie erscheinen. Es ist ratsam die Pflanzen täglich mit Wasser zu besprühen oder leicht zu schütteln, um die Verteilung der Pollen und den Bestäubungsprozess zu fördern. Sobald sich die jungen Tomaten gebildet haben, ist regelmäßig mit einem Düngemittel mit hohem Kalianteil zu düngen. Wenn die Früchte reifen, sind die unteren Blätter zu entfernen, damit mehr Licht die reifenden Früchte erreicht. Allerdings sollte dies mit Vorsicht geschehen, weil die Blätter für das Wachstum der Pflanze lebenswichtig sind.

WÄSSERN UND DÜNGEN – Es ist entscheidend, dass Tomaten regelmäßig gewässert und gedüngt werden. Zu wenig Wasser kann dazu führen, dass die jungen Früchte abfallen oder sich die Blütenendfäule entwickelt, die eine physiologische Störung in Form von braunen trockenen Flecken auf den Früchten anzeigt. Gelbfärbung zwischen den Blattrippen ist ein Zeichen von Magnesiummangel, der häufig bei Tomaten auftritt. Verwenden Sie eine Lösung aus 20 g/l Epsom-Salz und gießen Sie damit um die Wurzeln.

ERNTE – Treibhaustomaten sind pflückreif im Frühsommer, je nach Datum der Aussaat und den Gewächshaustemperaturen.

EMPFOHLENE TOMATEN

Ochsenherztomate „Corazon F1" – *festes Fleisch und unübertroffenes Aroma, kann grün geerntet werden und reift dann nach*

„Ravello F1" – *Cocktail- und Naschtomate mit süß-fruchtigem Geschmack, robuste Stabtomate mit zahlreichen Krankheitsresistenzen*

Cocktail-Tomate „Picolino F1" – *mittelgroße Früchte mit würzigem Aroma, die als ganze Traube geerntet werden*

„Previa F1" – *Fleischtomate, resistent gegenüber Pilzkrankheiten und Tomatenmosaikvirus. Kräftiger Geschmack*

„Vanessa F1" – *Stabtomate mit langen lagerfähigen vollreifen Früchten*

SCHÄDLINGE UND KRANKHEITEN – Tomaten leiden unter einer ganzen Reihe von Schädlingen und Krankheiten. Die weiße Fliege ist der schlimmste Schädling für Tomaten in einem Gewächshaus. Durch den Räuber *Encarsia* kann man am besten dieser Plage Herr werden. Diesen Räuber müssen Sie wahrscheinlich mehrmals im Jahr einführen, weil er mitunter so erfolgreich ist, dass er alle weißen Fliegen vernichtet und danach selbst stirbt. Einige Züchter verzeichnen Erfolge mit der Beipflanzung von Tagetes, deren starker Geruch die weiße Fliege vertreibt. Wenn Sie sich dazu entschlossen haben chemische Pestizide einzusetzen, müssen Sie regelmäßig sprühen. Zudem besteht das Problem der Sicherheitsspanne zwischen Sprühen und Essbarkeit der Frucht.

Tomaten leiden auch unter der Kartoffelfäule, die einen ganzen Ertrag vernichten kann und unmöglich zu bekämpfen ist, wenn sie erst einmal aufgetreten ist. Wenn Sie auch Kartoffeln anbauen, lohnt es sich die Tomaten zeitgleich mit den Kartoffeln als Vorsichtsmaßnahme zu besprühen. Viren erkennt man mitunter an gesprenkelten, deformierten Blättern. Vernichten Sie die befallenen Pflanzen, bevor sich das Virus auf weiteren Pflanzen ausbreitet.

Veredelte Pflanzen

Seit kurzem bieten mehrere Händler veredelte Tomatenpflanzen auf Bestellung an. Eine fruchtende Tomatensorte wird auf einen besonders kräftig wachsenden Wurzelstock aufgepfropft, der aus einer wilden Sorte gewonnen wurde. Das Ergebnis ist eine Pflanze, die kräftig ist, resistent gegenüber Wurzelkrankheiten und tolerant gegenüber niedrigen Temperaturen, und dazu frühe und hohe Erträge liefert. Der Verbindungspunkt, d. h. die Stelle, an der die Pflanze aufgepfropft wurde, muss oberhalb der Erdoberfläche bleiben. Veredelte Gurken, Auberginen, Melonen und Paprika sind ebenfalls mit ähnlichen Vorzügen erhältlich.

Treibhausgurken

Auch wenn kleine gerippte Gurken im Freiland angebaut werden können, wird das Gewächshaus dagegen zum Anbau der langen, dünnen Salatgurken benötigt. Es handelt sich dabei um eine weitere Frucht, die jedoch als Gemüse behandelt wird und mit herzhaften Gerichten serviert wird. Gurken brauchen zwar etwas andere Bedingungen als Tomaten, doch wenn Sie nur ein paar Früchte wollen, können Sie versuchen ein paar Pflanzen im gleichen Gewächshaus anzubauen.

AUSSAAT – Die Aussaat erfolgt im Vorfrühling in einem warmen Anzuchtkasten bei ca. 25°C. Einzelne Samen werden in 75 mm Töpfe mit Blumenerde ausgesät. Junge Pflanzen müssen bei einer Temperatur von ca. 21°C gezogen werden. Nicht zu stark wässern.

PFLEGE – Gurken können in Pflanztaschen/Säcken oder ein Substrat umgepflanzt werden. Vorzugsweise ist ein Hochbeet anzulegen, das aus altem, gut verrottetem Stallmist besteht, auf den Humus oder Blumenerde gehäuft werden. Eine solche Wurzellage liefert eine ausgezeichnete Drainage und perfekte Bedingungen für einen etablierten Wuchs.

Erziehen Sie Gurken zu Stabgurken. Binden Sie sie an einem 2,5 m langen Bambusrohr fest oder an Schnüren wie Tomaten. Wenn Seitentriebe wachsen, müssen sie bis auf zwei oder drei Blätter reduziert werden. Bei warmem Wetter sind die Gurken häufig zu wässern und regelmäßig zu düngen. Gurken mögen ein feuchtes Klima, weshalb der sie umgebende Bereich täglich gesprengt werden sollte.

ERNTE – Treibhausgurken können normalerweise ab dem Frühsommer bis Mitte des Sommers geerntet werden.

EMPFOHLENE GURKEN

Wählen Sie weibliche Sorten, um bittere Früchte zu vermeiden.

Mini-Treibhausgurke „Passandra F1" – *ideale Gewächshausgurke mit dunkelgrün gefärbten Früchten, rein weiblich blühend (parthenokarp)*

„Camilla F1" – *die ideale Treibhausgurke mit dunkelgrünen Früchten, rein weiblich blühend, resistent gegen Krankheiten*

„Cordoba" – *resistent gegen Gurkenkrätze, tolerant gegen Echten Mehltau*

SCHÄDLINGE UND KRANKHEITEN – Gurken werden häufig von Blattläusen, der weißen Fliege, der roten Spinnmilbe und Echtem Mehltau heimgesucht. Die beiden letztgenannten können durch Gewährleistung einer feuchten Atmosphäre abgehalten werden. Die rote Spinnmilbe kann mittels des Räubers *Phytoseilus* bekämpft werden. Mehltau erfordert den Einsatz eines Fungizids, doch gibt es auch ein paar gegen Mehltau resistente Sorten, deren Anbau sich lohnt. Gurken können auch von Viruskrankheiten befallen werden, die verkrüppelte Pflanzen mit gesprenkelten, gelb werdenden Blättern verursachen, was sich schnell auf andere Pflanzen ausbreiten kann, weshalb befallene Pflanzen entfernt und sofort vernichtet werden sollten.

Verwendung von Strohballen

Bei erwerbsmäßigen Züchtern sind Strohballen als Alternative zu Pflanzsäcken sehr beliebt, aber auch bei Hobbyzüchtern. Das ist vor allem dann praktisch, wenn Feldfrüchte wie Gurken und Tomaten aufgrund von Krankheiten nicht in der Gewächshauserde angebaut werden können. Dazu brauchen Sie herkömmliche Strohballen, die an der gewünschten Stelle deponiert werden sollten, weil sie, wenn sie nass sind, sehr schwer werden. Tränken Sie die Ballen mehrere Tage lang. Dann streuen Sie etwas Düngemittel als Granulat darüber. Die Kombination aus Feuchtigkeit und Stickstoff aus dem Düngemittel zersetzen langsam den Ballen. Wenn Sie zum Pflanzen bereit sind, häufen Sie ein kleines Beet aus Blumenerde auf dem Ballen an, und pflanzen Sie in diesem Bereich.

Wenn der Ballen zerfällt, wärmt er sich wie ein Komposthaufen auf, und bietet eine nährstoffreiche und warme Wurzellage. Strohballen können wesentlich mehr Wasser aufnehmen als Pflanzsäcke, so dass Sie nicht regelmäßig wässern müssen. Diese Technik eignet sich für jede Feldfruchtsorte, ist aber wahrscheinlich am geeignetsten für Pflanzen wie Gurken, Melonen, Paprika und Tomaten.

Anbieter

von Pflanzensamen und Pflanzen

Samenshop24
Kirchdorfer Str. 177
26605 Aurich
Tel.: 0 49 41 / 97 25 46
Fax: 0 49 41 / 99 89 34
Internet: www.samenshop24.de

Saatkontor Ole Schoener
Gut Weilen 9a
28759 Bremen
Tel.: 04 21 / 6 39 58 19
Internet: www.saatkontor.de
E-Mail: samen@saatkontor.de

Gärtner Pötschke
Beuthener Straße 4
41564 Kaarst
Tel.: 0 18 05 / 861 100
Fax: 0 18 05 / 861 300
Internet: www.poetschke.de
E-Mail: info@poetschke.com

Thompson & Morgan
Postfach 10 69
36243 Niederaula
Telefon: 040/6119 3993
Fax: 0044/1473 680 199
Internet: www.thompson-morgan.de
E-Mail: tmde@thompson-morgan.com

Obstpflanzen

Gustav Schlüter GmbH
Bahnhofstr. 5
25335 Borkholt-Hanredder
Telefon: 0 41 23/20 21
Fax: 0 41 23/70 88
Internet: www.garten-schlueter.de
E-Mail: versand@garten-schlueter.de

naturagart
Riesenbecker Str. 63-65
49479 Ibbenbühren-Dörenthe
Tel.: 0 54 51 / 5 93 40
Fax: 0 54 51 / 59 34 19
Internet: www.naturagart.de
E-Mail: verkauf@naturagart.de

Pflanzenversand.net
Quettinger Straße 220
51381 Leverkusen
Tel.: 0 21 71 / 3 95 75 78
Fax: 0 21 71 / 76 51 48
Internet: www.pflanzenversand.net
E-Mail: info@artista-online.com

Index